TIBURÓN INVERSIONISTA®

JESÚS PALACIOS VALDÉS

AGRADECIMIENTOS

Me encuentro sumamente agradecido de presentar mi libro **TIBURÓN INVERSIONISTA**® Esta obra en donde comparto anécdotas y aprendizajes no habría sido posible sin el apoyo de muchas personas a quienes quiero expresar mi más profundo agradecimiento.

En primer lugar, quiero agradecer a mi esposa por su total apoyo, ayuda, seguimiento y sobre todo por ser la creadora de nuestro amigo Tiburcio Preguntón®, en toda esta obra está su apoyo y confianza en mí como autor y como inversionista, gracias mi amor.

También quiero expresar mi agradecimiento a Nidia por su revisión y sus valiosas sugerencias que han sido cruciales para que este libro sea relevante, así como sembrar su confianza en mí, como mentor.

Agradezco a mis padres por su interés en mi obra y su aliento para darme el ímpetu de siempre avanzar.

Un profundo agradecimiento a ustedes mis queridos alumnos que con su apoyo e interés me motivan a compartir mis experiencias y reflexiones del mercado de valores.

Quiero expresar mi reconocimiento y agradecimiento a todos mis lectores que comparten conmigo la pasión por

invertir y tener la satisfacción de ver multiplicar su patrimonio.

Con profundo aprecio y gratitud

Jesús Palacios Valdés

CONTENTS

INTRODUCCIÓN

La intención de este libro es acercarnos a ti y a mí. Si recientemente estás aprendiendo sobre el apasionante mundo de las inversiones, seguramente te surgirán dudas, como todos las tuvimos al principio de cualquier tema.

Libros de Bolsa hay muchos, por ello, esta obra tiene un poderoso elemento, cuyo objetivo es guiarte sobre cómo son realmente las inversiones. Si estás comenzando, ten la tranquilidad de que un célebre personaje nos estará acompañando en este maravilloso viaje.

Cuando encuentres este símbolo:

significará que nos encontramos ante la presencia de nuestro amigo; llamado **Tiburcio Preguntón**®. Es muy probable que algunas de sus preguntas, también estén rondando en tu mente, por lo que justo en ese momento, haremos un breve paréntesis para hacer una rápida explicación a manera de diálogo y de esta manera resolver al instante cualquier duda que pueda surgir.

Te felicito en verdad por procurar tu bienestar financiero y tu superación personal.

Quiero compartirte que hace tiempo, en un momento de reflexión me hice una serie de preguntas que han ido guiando mi visión hacia el futuro y una de ellas fue: ¿Cuál es el grado de bienestar financiero que aspiro para el futuro, concretamente para mi vejez? Y por supuesto no sólo para mi vejez sino en el camino tener bienestar financiero con resultados rápidos.

Fui entendiendo que tanto en el aspecto financiero como en la salud y en el amor no se van forjando de un día para otro, sino que cada día va sumando para llegar a las metas. También entendí que cada día puede restar, sabía que tenía que tomar una decisión, ¿de qué lado quería estar? ¿has pensado en algo parecido?

Hoy estoy comprometido a seguir construyendo un camino próspero con resultados inmediatos. Estoy trabajando en crear un presente y futuro en donde tenga estabilidad y seguridad en cada etapa de mi vida. Espero llegar a mi vejez con una gran tranquilidad financiera en la que no pueda hacer otra cosa que disfrutar sin ninguna clase de preocupaciones; ¿has estado buscando lo mismo? ¡entonces has llegado al lugar correcto!

Lo primero que hice fue definir mis metas, y así definí un plan para alcanzarlas. Cuando visualizamos nuestro futuro con claridad llegan a nosotros las oportunidades y hasta los recursos para que se concrete nuestra visión, y el que tengas este libro es prueba de ello. ¡Construyamos ese futuro que queremos se materialice!

Y fíjate que curiosamente uno de los consejos que me dieron desde niño fue que empezara a ahorrar. Lo escuchaba en mi hogar, lo escuchaba en comerciales de televisión, en las pláticas de los "expertos", o los adultos alrededor, y debo reconocer que en la escuela aun cuando me formé como Contador nunca recibí un consejo financiero, lo cual pienso que debió ser fundamental.

Con el paso del tiempo me di cuenta que ahorrar no era tan bueno si de verdad quería tener un gran patrimonio, así lo pude ver en las crisis financieras de 1994, la de 2008 y la que se está viviendo actualmente. Te platico un poco:

EL PÉSIMO HÁBITO DE AHORRAR.

"La inflación puede ser un desafío, pero también una oportunidad para innovar y adaptarse" Angela Merkel

Seguramente has escuchado hablar de la inflación y probablemente no sepas qué es. Te voy a poner un ejemplo, vamos a suponer que vas a la tienda, compras tu despensa, al pagar en la caja te cobran 100 dólares, hasta aquí todo está bien. Ahora imagina que han pasado 6 meses, vas de nuevo de compras a la misma tienda, adquieres los mismos productos, vas a la caja a pagar, sólo que en esta ocasión en lugar de pagar 100 dólares, te cobran 110 dólares es decir 10 dólares más que hace 6 meses. Aquí lo que llega a suceder es que o se está dispuesto a pagar por ello o se adquieren menos productos para hacer frente a esa escalada de precios, entonces como te darás cuenta, la inflación es una disminución de capacidad de pago de las personas ante el aumento general de los precios de los productos

En los últimos 20 años en México, la inflación fue de alrededor de un 5% promedio anual.

— *Jesús, ¿qué significa eso? ¿Significa que, si tenía dinero en el banco o guardado bajo el colchón, ya no voy a poder comprar lo mismo mientras pasa el tiempo?*

— *¡Exactamente, Tiburcio Preguntón®! En otras palabras, con el paso del tiempo todo aumenta de precio. Y con la misma cantidad de dinero que comprabas en el pasado, ahora te alcanza para comprar menos productos o servicios, eso es la inflación.*

Esa inflación del 5% promedio anual es muy buena, significa que una economía va avanzando, pero si la inflación se desborda con porcentajes más altos, empiezan los problemas en la economía de un país, trasladándose a los bolsillos de sus habitantes.

Si tú eres una persona que ahorra, ya sea que tengas tu dinero guardado en casa o en un banco, es algo por lo cual sentirte muy orgulloso de ti mismo. Por principio de cuentas, déjame decirte que eres del grupo elite que logra generar un ahorro, te felicito. Por ello, te pido que pongas especial atención al tema del efecto de la inflación.

¿Qué sucedió a partir del año 2021 y continúa en 2023? Bueno, que la inflación se disparó hasta llegar casi a niveles de 10%. Por lo que, todas aquellas personas que tienen ahorros, ahora su dinero tiene 10% menos de valor, por año, sobre todo desde 2021.

— *Jesús, no entiendo, yo guardé 100 pesos en el banco y te puedo asegurar que sigo teniendo los mismos 100.*

— *Eso es cierto, Tiburcio, solo que ahora te alcanza para comprar menos, es cómo si tuvieras 10 pesos menos. Vamos a llevarnos este tema con calma, abundaré en ello un poco más adelante.*

Muchas personas que han experimentado la Inflación y que depositaron su dinero en el banco me han preguntado si existen alternativas o mecanismos que ellos mismos puedan llevar a cabo, es decir, algo que puedan hacer además de sólo guardarlo en el banco o guardarlo en su casa. ¡Por supuesto que existen alternativas! Hay uno en particular como primer paso que les permite hacer frente al efecto de la inflación, es decir, su dinero no se va a ver seriamente afectado por el efecto inflacionario como en un banco o si lo están guardando en su domicilio y lo más importante: ¡que ellos mismos lo pueden hacer desde la comodidad de su casa!

Primero, déjame contarte cómo fue la primera vez que viví la inflación, aunque en ese momento, cuando era niño no sabía qué era. Cuando tenía como 10 años de edad, acompañé a un familiar al banco a depositar su primer sueldo, en esos años, todavía no era frecuente que un patrón le pagara a un trabajador su nómina vía depósito bancario, prácticamente todo era en efectivo. Recuerdo que el ejecutivo bancario le extendió una felicitación a mi familiar por haber contratado su cuenta de ahorros. Pasaron sólo dos meses cuando de nuevo acompañé a mi familiar al cajero automático, para su sorpresa, su dinero había disminuido, muy espantado y a la vez molesto, acudió de inmediato a la sucursal bancaria a cerrar la cuenta definitivamente; debo confesar que a mi corta edad, pude comprender la injusticia por parte del sector bancario al dejar a mi familiar sin su dinero y que le regresaran menos por "manejo de cuenta", quiero decirte que no disminuyó por el efecto de la inflación, sino por el efecto de las comisiones. Recuerda que la inflación no hace que tu dinero sea menos, más bien que rinda menos. Esto llamó mi atención desde ese entonces, no podía creer que sólo podía existir esa alternativa para conservar el dinero.

Poco tiempo después, siendo aún niño, en México ocurrió lo inesperado, lo que se conoce como hiperinflación, que es una subida súper rápida y continua de los precios de los productos; era la primera vez en mi vida que sentía sus efectos. Te lo explico, le ayudaba a mi madre a hacer las compras para la comida diaria, siempre me gustó hacer esa parte, así que no sólo ya dominaba los precios de los productos, sino que recuerdo con alegría que ya era conocido por las tiendas de la zona, eran otros tiempos. En fin, cuando empezó la inflación desmedida, salí a comprar una lata de chiles, en ese entonces me costaba 2 pesos, al día siguiente me la querían vender en 4. Fui a la semana siguiente y me la querían vender en 15 pesos, fue un descontrol total, así viví la inflación.

Tengo que reconocer que ahora no recuerdo con exactitud

los precios de ese entonces, ya que tiene mucho tiempo. Lo que quiero resaltar es que la inflación es eso, es descontrol, descontrol de los precios y pérdida del poder adquisitivo, ¿por qué pérdida del poder adquisitivo?, porque al cabo de una semana una lata valía lo de 8 latas, lamentablemente los sueldos no los aumentaban 8 veces, no, el sueldo seguía igual, por lo tanto alcanzaba para menos.

Con todo esto que acabo de relatarte te puedes dar cuenta de que no tiene nada de sentido guardar el dinero, con el paso del tiempo lo que tienes guardado vale menos. Incluso, prácticamente lo guardado con el paso de los años valdría casi nada. Claro que en varios países de Latinoamérica ha habido políticas monetarias para que en la medida de lo posible no haya grandes inflaciones. Sin embargo, todos los años hay inflación en menor o mayor medida. Al menos así fue en México en los últimos 20 años y en la mayoría de los países de Latinoamérica, la inflación se ha mantenido entre un 3% y 6% aproximadamente de manera anual.

Una inflación del 3% al 6% no es mala, podríamos decir hasta cierto punto que en esos niveles es sana, ya que las personas cuando hacen inversiones sobre todo en el sector inmobiliario saben que, con el paso del tiempo, éstas adquirirán más valor.

Tasa de inflación en América Latina y el Caribe de 2010 a 2028
(con respecto al año anterior)

Tasa de inflción en los últimos años en América Latina y
el Caribe proyectada a 2028. Fuente: Statista

Tasa de inflación mensual en Estados Unidos entre enero de 2019 y julio de 2023

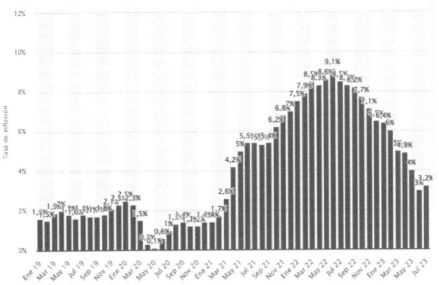

Inflación Mensual en Estados Unidos enero 2019-julio 2023. Fuente: Statista

Imagina el efecto que tiene en tu dinero si no lo inviertes. Si la inflación está en un promedio de 5%, esto quiere decir que si alguien tiene guardado todo su dinero y si decide mantenerlo inactivo por un período de 5 años, tendrá un impacto negativo de 25%. En otras palabras su dinero valdrá una cuarta parte menos de lo que valía, y eso si la tasa de inflación se mantiene en esos niveles, porque si se llega a disparar como a veces ha sucedido, se puede perder el valor de la mayor parte de tu dinero ahorrado.

Antes quiero comentarte que el invertir para que tu dinero gane valor adquisitivo no tiene nada que ver de cuánto tengas en el banco. Frecuentemente, he escuchado que las personas creen que las inversiones sólo son para quien tiene millones de dólares en su cuenta bancaria. Mi función es explicarles y demostrarles que para multiplicar y **Blindar su Dinero**® no es necesario que tengan un gran patrimonio. Ahora pueden ver lo accesible que es. Más bien tiene que ver con la mentalidad que tengas respecto al dinero, y sobre todo que ejecutes el plan que te quiero mostrar y los beneficios se irán multiplicando a pasos acelerados.

— *Jesús me interesa este tema, yo pensaba que se necesitaba mucho dinero para ser inversionista.*
— *Tiburcio, a lo largo del presente libro te voy a demostrar con hechos lo súper accesible que es.*

¿ME TOCARÁ PENSIÓN?

"En lugar de depender de las pensiones, es mejor invertir y gestionar nuestras propias finanzas para asegurar un futuro estable" Tony Robbins

(OJO: Independientemente de que seas emprendedor o trabajes para alguien, te recomiendo leer este capítulo, verás que está muy interesante.)

He hablado con muchas personas que están en sus treinta o cuarenta años y se encuentran laborando en algún lugar, me comparten que se sienten tranquilas respecto a su futuro. Mencionan que sólo van a esperar hasta que tengan 60 años cumplidos y que van a obtener su pensión.

Me doy cuenta de que la gran mayoría ni siquiera están enterados que no van a obtener una pensión vitalicia, es decir, van a tener una disminución tremenda en su calidad de vida porque sólo recibirán lo que ellos hayan ahorrado, y es porque la pensión que van a obtener no es vitalicia, es sólo una parte de lo que ganaban como sueldo o salario.

Quienes viven en México, que empezaron a laborar por primera vez después de julio de 1997, tienen un gran problema. Una vez que les explico todo esto saben que es hora de poner manos a la obra, me preguntan ¿cómo una vez que se jubilen podrán mantener su nivel de vida?, yo los asesoro, les explico a detalle y con acompañamiento aprenden cómo hacerlo, así ellos empiezan a invertir con excelentes resultados, a cambiar la mentalidad y sobre todo a generar ahora, no cuando ya sea demasiado tarde.

Lamentablemente, muchas personas aún no lo saben. De hecho, en varios países del mundo, el sistema de pensiones vitalicias ya no aplica. ¿Por qué? por ser insostenible para los gobiernos, debido a la sencilla razón de que la esperanza de vida aumentó.

Anteriormente, la gente se retiraba a los 60 años, y su esperanza de vida era de 65 aproximadamente, por ello a los gobiernos no les importaba pagar pensión vitalicia conforme al historial del sueldo del trabajador.

Conforme avanzaron las décadas, la esperanza de vida aumentó en promedio a 75 años, lo cual ha hecho que muchos países, incluyendo México, reformen su Ley de pensiones quitando la tarea de los gobiernos a pagarla y así transferir esta obligación ahora directamente a los trabajadores.

¿Qué fue lo que cambió? Bien, los recursos para pensionarte siempre se han aportado de manera tripartita; una parte el trabajador, (que le retienen vía nómina) otra el patrón y otra el gobierno. El total de aportaciones, se van a una Administradora de Fondos para el Retiro (AFORE) que es una institución que se encarga de administrar estos recursos.

— *Jesús, dijiste que hay un fondo que aportan entre tres; el trabajador, el patrón y el gobierno, ¿entonces el gobierno sigue aportando al trabajador mientras no labore?*
— *No, Tiburcio, el gobierno aporta mientras el trabajador siga laborando, una vez que deje de hacerlo, se detienen esas aportaciones. La diferencia con quienes comenzaron a laborar antes de Julio de 1997, era que si al trabajador se le acababa su fondo, tenía la certeza de que el gobierno le garantizaba seguir cobrando su pensión. Los trabajadores que entraron a laborar por primera vez después de Julio de 1997, ya no tienen ese derecho, si el fondo se acaba, se acabó el cobro para el pensionado.*
— *O sea que si se me acabara mi pensión a los 70 años y*

llegara a vivir hasta los 90 o más años ¿de qué voy a vivir?
— Por eso te felicito Tiburcio que estés tomando acción ahora.

Y precisamente, el gran negocio para las administradoras de fondos es que cobran altas comisiones por gestionar el dinero. Además de eso, los rendimientos que les ofrecen son muy por debajo de la inflación.

—*¿Cómo que te ofrecen intereses por debajo de la inflación? ¿eso no es ilegal?*
—*No es ilegal, Tiburcio. De hecho, ese es el negocio de estas instituciones. Por ley, al trabajador le retienen una parte de sueldo a cambio de pagarle intereses para que su dinero "crezca", cuando en realidad estos intereses son más bajos de lo que crece la inflación. Entonces, como ya vimos, entre más pase el tiempo, el dinero ahorrado en las administradoras tendrá cada vez menos poder adquisitivo.*

El detalle de los rendimientos viene en la página del Gobierno de México, además tienen tablas comparativas para saber quién ofrece mejores rendimientos. En el caso particular de México, las comisiones han disminuido un poco desde hace 2 años, desafortunadamente aún no es suficiente.

— *Jesús, ahora que ya saben esto los trabajadores, de seguro ya no ahorrarán su dinero en las administradoras.*
— *El dinero se guarda por Ley en estas Administradoras de Fondos, así que ellos no pueden decidir. Lo que sí pueden evitar es guardarlo voluntariamente, Tiburcio.*

— *¿Cómo que guardarlo voluntariamente, Jesús? ¿Por qué harían eso?*

— *Lo hacen, Tiburcio, porque no saben que su dinero guardado por las Administradoras de Fondos pierde más y más valor adquisitivo con el paso de tiempo, además porque el gobierno promete un beneficio fiscal, solo que aún con ello, no conviene del todo, ya que, lo que obtienen de rendimiento no se equipara con lo que supuestamente les beneficia.*

Si aún faltan algunos años para el retiro de los trabajadores, imagina el efecto que tendrá en su dinero el paso de estos años. En lugar de incrementarse su patrimonio, este disminuirá. Además, se calcula que solo recibirá del 20 al 35% aproximadamente de lo que ganaban como sueldo. Una verdadera disminución en su nivel de vida y la mayoría aún no lo sabe.

Hace poco tiempo, llegó una persona a consultarme respecto a cuánto dinero debía aportar voluntariamente a su Administradora de Fondos para el Retiro, ya que, por Ley le descontaban parte de su sueldo y según sus cálculos, cuando se retirara a la edad de 60 años, le entregarían una cantidad que no se ajustaría a su estilo de vida.

Al explicarle que eso no le convenía, no le salían las cuentas, ya que según él recibiría un poco más, entonces le platiqué a detalle los efectos de la inflación y cómo ésta iría mermando con el paso de los años lo que tuviera acumulado en su cuenta.

Así que le hice un cálculo, y durante todos los años que le faltaban para pensionarse, hacer aportaciones voluntarias era equivalente a tirar el 60% de su dinero por el efecto inflacionario.

Al estar consciente de ello, supo que el dinero que invirtiera en una Administradora de Fondos para el Retiro estaba destinado a casi desaparecer, además si llegara a existir una fuerte inflación sucedería con mayor rapidez, comprendió que su única opción era **Blindar su Dinero**®.

Decidió tomar mi entrenamiento para aprender a invertir, ya que en lugar de que una Institución le "administre su dinero", él mismo puede de manera sencilla administrar, invertir y así quedarse con todos los rendimientos que le ofrezca su dinero. Dicho en otras palabras, que haga él mismo lo que hacen estas instituciones financieras.

Al saber esto, de inmediato dejó de hacer aportaciones voluntarias y puso manos a la obra invirtiendo en un portafolio que le enseñé a crear.

— *Jesús, de la persona que platicas, ¿cómo le hizo para invertir?, ¿cómo creo su cartera de inversión?*
— *Bien, Tiburcio Preguntón®, veo que te apasionan las inversiones, y te voy a guiar para que tú mismo lo hagas con tu dinero, es de lo que hablaremos más adelante.*
— *Jesús, eso me suena complicado y hasta riesgoso, ¿eso puede ser para mí?*
— *Tiburcio, eso es lo que las instituciones quieren que creas, que es complicado y muy riesgoso, Te aseguro que en pocos pasos ¡tú puedes aprender a invertir de manera sencilla!*

Ahora, te platicaré el secreto que estas instituciones no quieren que sepas.

La persona a quien asesoré, continuamente se está preparando. Afortunadamente, decidió proteger el fruto de sus esfuerzos, preparándose financieramente y **Blindar su Dinero**®, ahora su inversión ya creció de manera exponencial y al mismo tiempo se dio cuenta que es muy sencillo.

— *Voy muy bien Jesús, solo tengo una duda, hablaste de los trabajadores que empezaron a laborar después de Julio de 1997, ¿qué pasa entonces con los trabajadores que laboraron antes de esa fecha?*

— *¡Qué buena pregunta, Tiburcio! Las personas que laboraron antes de Julio de 1997 tendrán su pensión cumpliendo ciertos requisitos, aun así es importante que no se confíen y comiencen ya a investigar si cumplen con dichas condiciones.*

— *Entonces ¿ellos ya no necesitan invertir?*

— *Todo lo contrario, Tiburcio, te iré describiendo poco a poco las ventajas y beneficios que tiene invertir.*

— *Me acabo de dar cuenta de algo, hablaste de lo que deben hacer los trabajadores. Entonces ¿qué pasa con los emprendedores? ¿ellos no tendrán nada cuando se quieran retirar? Uno se imagina que ellos ya tienen mucho dinero, pero no siempre es así, y ellos no tienen acceso a pensión ¿ellos cómo podrían hacerlo?*

— *Efectivamente, Tiburcio, cuando ellos ya no quieran trabajar o dirigir su empresa, una de las grandes ventajas y beneficios que tiene invertir es que pueden vivir de ello si actúan en este momento.*

— *¡Qué interesante Jesús! Ya quiero empezar a ver cómo lo haces.*

¿Te cuento un secreto? Cuando era niño, me imaginaba que solo quienes habían estudiado Finanzas y tenían muchos años de experiencia podían tener el control de su dinero, además creía que era muy difícil. Ahora sé que, para tener este control, es algo sencillo que cualquier persona puede dominar. Indiscutiblemente se requiere prepararse, además de que cada vez es más fácil entender qué hacen las grandes instituciones para multiplicar el dinero y la gran noticia es ¡que tú también puedes hacerlo!

Porque estarás de acuerdo conmigo, que el dinero es fruto del esfuerzo de las personas, así que lo mejor que pueden hacer es consultar cómo pueden cuidarlo, poner acción y yendo un paso adelante; cómo maximizarlo.

A los grandes bancos se les conoce como tiburones, puedes hacer lo que hacen ellos también para generar dinero. Tú puedes ahora nadar con los Tiburones y convertirte en un **Tiburón Inversionista**®

Seamos sinceros, siempre hemos escuchado que las grandes instituciones hacen dinero con más dinero, *(o que dinero hace más dinero)* y ¿cómo lo hacen?, permíteme decirte que no es una actividad exclusiva que hacen las instituciones financieras, ahora más que en otro momento de la historia tenemos acceso al mundo de las inversiones y te quiero enseñar cómo hacerlo.

El secreto que las Instituciones Financieras NO quieren que sepas

Hay un secreto que no es solo de los bancos, sino de las aseguradoras, el Sistema de ahorro para el Retiro y todas las instituciones financieras no quieren o no les conviene que sepas. Tal vez alguna vez te hayas preguntado ¿qué es lo que hacen las grandes instituciones como son los bancos, o las afores o las aseguradoras con tu dinero?, ¿cómo es que estos Tiburones obtienen grandes ganancias? ¿por qué no nos pagan intereses entonces?

Te voy a dar un dato interesante, según Forbes, en 2019 sólo existían 299,000 cuentas de inversión en México, es decir, una cantidad minúscula con respecto a la Población Económicamente Activa, es decir, solo 5 personas de cada 1000; sin embargo para 2022 subió a casi tres millones de cuentas, es decir un aumento de casi 1000% en 3 años, a pesar de ello, lo interesante es que este aumento sólo es en número de cuentas abiertas, no de nuevos inversionistas, es decir, un gran porcentaje de las personas sigue desconociendo cómo hacer inversiones y sigue el método tradicional de entregar su dinero a los bancos para que se lo "cuiden", o lo guardan en su casa, desconocen los mecanismos tan sencillos en donde pueden mantener y multiplicar su dinero, por eso recurren al ahorro bancario durante toda su vida, y lo peor van repitiendo lo que veían en su casa tal y como me pasó.

Evidentemente, las instituciones financieras, no buscan ofrecerte tasas atractivas de interés para convencerte de guardar tu capital con ello, ¿por qué lo harían?, al fin y al cabo, de cualquier manera, la gran mayoría acudirá con ellos, no ven la necesidad de ofrecer tasas atractivas, ya que sólo un pequeñísimo porcentaje de sus clientes invierten su capital por mayores tasas, en otro tipo de instrumentos. Es más, las instituciones financieras reciben cada vez más fondos de muchas personas, sí, los mismos que desconocen estos mecanismos. Por supuesto que a las instituciones no les gusta la idea de que alguien conozca los sencillos mecanismos que existen para invertir; hasta imagino que a veces ellos mismos propagan las noticias de crisis financieras...

Afortunadamente, al menos en México y en varios países de Latinoamérica, y en el resto del mundo, las personas cada vez están conociendo más esta información y están poniendo manos a la obra, ahora que ya lo sabes, ¿qué es lo que sigue?

Cuando estudiaba en la Escuela de la Bolsa Mexicana, muchos compañeros trabajaban en instituciones bancarias, aseguradoras, o administradoras de fondos para el retiro. Me decían que uno de los requisitos para seguir trabajando en esas instituciones era precisamente capacitarse, les pregunté cuáles eran sus funciones, su respuesta era que con fondos que tenían asignados, con debidos procesos y montos establecidos, entraban al Mercado de Valores a hacer inversiones.

Todas estas entidades al contar con grandes fondos, ya sea porque las personas guardan su dinero voluntariamente o porque les retienen por Ley derivado de las aportaciones para su retiro, o porque estén pagando un seguro, a estas instituciones les llegan millones y literalmente hacen millones con millones, lo que hacen es invertir en diversos instrumentos para obtener grandes retornos, prácticamente todo el pastel es para ellos, lo que te devuelven es un mínimo interés, una pequeña parte del pastel del grosor de una hoja de papel.

Estos grandes tiburones, tienen varias secciones en donde invierten el dinero para obtener rendimientos, tienen su sección de inversiones a largo plazo, tienen otra sección de especulación en el mercado de monedas extranjeras conocido como mercado FOREX (Foreing Exchange), también sección de trading o comercio en especulación de valores en el corto y mediano plazo.

Como te puedes dar cuenta, su ingrediente de trabajo es el dinero. Aquí quiero compartirte algo que hemos escuchado muchas veces, tiene que ver con las creencias que hay alrededor de generar dinero, se cree que los institucionales al tener grandes fondos pueden acceder a instrumentos y a mejores posibilidades de inversión.

— *Jesús, yo creo que las instituciones financieras al tener a su disposición millones de dólares, solamente ellos pueden generar dinero con dinero.*

— *Eso es lo que quieren que creas, Tiburcio, quieren que pienses que esto es muy difícil, que solo ellos pueden hacerlo, sobre todo quieren que creas que necesitas tener millones para hacer dinero con dinero. Afortunadamente, ya verás que no es así.*

Con el acceso a la tecnología, invertir se ha hecho más fácil que nunca, invertir es para cualquier persona, evidentemente también es posible para ti que estás leyendo este libro. Los mercados se han democratizado, recuerda esto, hay que aprender y entender el contexto de los mercados financieros para optimizar las inversiones. Por ello quiero que sepas que ya no son exclusivos, cada vez más personas se dan cuenta de ello, ya conocemos el secreto de los bancos y las instituciones financieras en general.

Ahora que ya sabes que no tiene sentido guardar o ahorrar tu dinero vamos a dar paso a un instrumento efectivo y básico para lograr vencer el efecto de la inflación; los bonos del gobierno, pero ¿qué es esto y cómo podemos beneficiarnos?

PROTÉGETE DE LA INFLACIÓN

Certificados de Tesorería

Todos los gobiernos tienen necesidad de dinero para construir sus grandes proyectos, como lo pueden ser carreteras o proyectos sociales. Entre muchas otras actividades que realizan para generar un ingreso, los países tienen como posibilidad pedir dinero a todas las personas como tú o como yo (reitero pedir, no exigir, como los impuestos) que estén interesadas en prestarle al gobierno. Así el gobierno de tu país te garantiza obtener un rendimiento o interés, previamente pactado, que, por cierto, es totalmente superior a lo que ofrecen los bancos, a lo que ofrecen las Administradoras de Fondos para el Retiro, lo mejor de todo, es que es libre de comisiones en varios países y en el caso particular de México es de 0% de comisión.

Justo en estos momentos donde la inflación se dispara, los certificados o bonos del gobierno ofrecen buenos retornos, superiores a la inflación para que les sean atractivos a las personas, es decir, elevan los intereses. Así, por un lado, **Blindas tu Dinero**® contra la inflación, al mismo tiempo mantienes tu poder adquisitivo.

Quiero hacer énfasis en que prestarle al gobierno, te permitirá protegerte de la inflación, es una forma de ahorro que no perderá poder adquisitivo, así tienes la garantía de que, con el paso del tiempo, el rendimiento que ofrezca tu país, a toda costa igualará o superará a la inflación. Debes estar consciente de que esto sólo es para proteger tu patrimonio, no es una inversión.

Si le prestas al gobierno para sus proyectos, lo justo es que te devuelva al menos un interés que supere a la inflación, no como hacen las instituciones financieras en general.

En el caso particular de México, los certificados de Tesorería y bonos del Gobierno los puedes adquirir tú mismo desde la página de gobierno llamada Cetes Directo. Se les llama bonos porque son títulos o certificados, todo se controla de manera electrónica. Lo mejor es que es muy fácil, puedes hacerlo desde 100 pesos o el equivalente a 5 USD, es decir, es totalmente accesible. Como te mencionaba con anterioridad no necesitas grandes sumas de dinero, en el caso de Estados Unidos son los bonos del Tesoro, sin embargo, hay otra forma de adquirirlos desde cualquier parte del mundo en forma de paquete, de ello te hablaré en el capítulo de "Los Índices y los ETF´s".

— *Jesús, sí se ve fácil, pero todavía no me animo…*
— *Calma, Tiburcio, para eso está mi entrenamiento **"Blinda tu Dinero®"** donde te llevo paso a paso, para que abras tu cuenta en una casa de Bolsa autorizada por el gobierno. Además te proporciono un programa de acompañamiento, para que así tú mismo tomes el control y empieces a proteger el resultado de tus esfuerzos: tu Patrimonio*
— *Jesús, pero ¿cuál patrimonio?*
— *Tiburcio, no vayas a salir con eso de: "Uy, casi no me queda dinero al final del mes". Te aseguro que cuando empieces a ver que tu dinero aumenta su poder adquisitivo, y sobre todo que lo haces tú mismo, vas a generar un excelente hábito y te verás cada vez más motivado, ya que nadie por ningún motivo debe tocar o manejar tu Patrimonio, sólo tú debes hacerlo, eso te motiva a incrementar tu cuenta. Lo más importante, esto no se trata de palabras bonitas, tienes que verlo con tus propios ojos, en mi entrenamiento, te demuestro cómo se logran estos resultados, y lo mejor de todo es que también te lo demostraré en este libro.*

Bonos Corporativos

Ya hablamos de cómo funcionan los Certificados de Tesorería, lo cual le pertenece al sector público, ahora vamos a ver qué podemos hacer como inversionistas en el sector privado. Una forma de proteger tu dinero es diversificar tu portafolio, recuerda que no todos los huevos se ponen en la misma canasta, esto lo demostró un matemático llamado Harry Markowitz, abundaré más adelante en ello.

Todas las empresas requieren grandes capitales para poder llevar a cabo sus proyectos de expansión y crecimiento. Así que una ventaja que tienen las compañías que cotizan en la Bolsa de Valores, es que cuando requieren un financiamiento en lugar de que acudan a una institución financiera que les preste dinero con una tasa de interés alta, lo hacen por medio de la emisión de Bonos, en el cuál te ofrecen un atractivo interés a cambio de que les prestes dinero.

En general, a los Bonos se le conoce como Instrumentos de Renta Fija...

— *Espera, Jesús, explícame eso detalladamente, por favor.*
— *La renta fija, sencillamente quiere decir que quien emite el Bono tiene una tasa de interés previamente establecida, a diferencia de las acciones de las empresas que se le conoce como Renta Variable porque es fluctuante la rentabilidad que te ofrecen, Tiburcio.*

Para comenzar a invertir es bueno hacerlo en los bonos, sobre todo en los gubernamentales que, a diferencia de los corporativos, son de muy bajo riesgo, prácticamente inexistente

— *¿Riesgo? Explícame más por favor.*

— *Por ejemplo, Tiburcio, en los bonos gubernamentales para que haya riesgo de que no te paguen intereses, un país tendría que "quebrar"*

— *¿Cómo que quebrar?*

— *Sí, que ya no pudiera pagar sus deudas. En el caso particular de México y Estados Unidos eso jamás ha ocurrido.*

— *Y en los bonos corporativos ¿cuál es el riesgo?*

— *El riesgo es que la empresa ya no pueda pagar los intereses pactados, y que ya no puedan pagar la deuda original.*

— *¿Y cómo puedo saber qué empresas tienen más riesgo?*

— *Muy fácil, Tiburcio, a las empresas, así como a los países se les da una calificación de acuerdo con el riesgo crediticio por una agencia calificadora especializada. De esta manera si prestas dinero, sabrás de antemano el riesgo que quieras asumir.*

— *¡Ah! pues así es muy fácil decidir a quién prestar ¿dónde puedo consultar esta información?*

— *Puedes consultarla en la página de la Bolsa Mexicana de Valores.*

LAS INSTITUCIONES FINANCIERAS VS LA BOLSA DE VALORES

"El éxito de una empresa radica en su capacidad para ofrecer productos y servicios que satisfagan las necesidades y deseos de sus clientes" Steve Jobs

Alguna vez yo mismo guardé mis ahorros en el banco, probablemente tú estés planeando lo mismo, o ya hayas pasado a la acción y tengas una cuenta de ahorro. Ahora sabes que para las instituciones financieras es un gran negocio guardar tu dinero no solo por las grandes comisiones que te cobran por utilizarlo, sí, dije utilizarlo, ellos no lo guardan, ellos lo invierten y de las grandes ganancias que generan, prácticamente no te devuelven nada de interés, ellos se quedan con todo el gran pastel.

Del dinero que tu guardas, el banco te debe dar una ganancia o interés llamado GAT (Ganancia Anual Total), pero... ¡sorpresa!, si lees las letras chiquitas, con el interés tan bajo que pagan, menos las grandes comisiones que te cobran, menos impuestos, menos la pérdida inflacionaria, en lugar de que tu dinero crezca, termina por valer menos, es decir, pierde valor adquisitivo, en lugar de que obtengas un GAT positivo, obtienes un GAT negativo, es decir, tu patrimonio pierde mucho valor, no crece. Mientras que el banco ya ganó muchísimo gracias a ti, ya sacó ganancias, evidentemente no te lo va a compartir porque ese es su negocio. Por eso es tan importante que TÚ aprendas a hacerlo para tu beneficio, para no andar pagando comisiones, sólo tú sabes el trabajo que te ha costado ganar tu dinero.

Tal vez alguna vez te hayas preguntado ¿qué es lo que hacen las grandes instituciones como los bancos, las afores o las aseguradoras con tu patrimonio? ¿cómo es que ellos hacen dinero con el dinero y obtienen grandes ganancias?, al menos yo me preguntaba mucho eso. Es muy sencillo, ellos invierten gran parte del dinero que reciben en la Bolsa de Valores.

La nueva pregunta es ¿qué es la Bolsa de Valores? es una institución que tiene cada país, que "conecta" a empresas con posibles inversionistas. Dicho de otra manera, cuando las empresas interesadas en crear proyectos requieren dinero, se acercan a la Bolsa en busca de personas que desean invertir y se hacen socios, a cambio, las empresas emiten acciones que los acreditan como dueños de una parte proporcional de la empresa de acuerdo con su inversión.

Es decir, las grandes empresas no están formadas por un sólo dueño como nos han hecho creer en las películas, más bien, es un conjunto de dueños que creyeron en esa empresa, que decidieron invertir y al crecer ésta, la inversión de los socios también crece. Así la compañía le pagarán a estos últimos las ganancias que obtengan.

Por ejemplo, imagina un día normal en que estás en tu casa, te aseguro que desde que te despiertas y máximo una hora después, ya consumiste varios productos de empresas que cotizan en Bolsa. ¿De qué marca es tu colchón? ¿te despertó la alarma de tu celular antes de levantarte?, ¿le echaste una mirada rápida a tus redes sociales? ¿te tomaste un café al despertar? ¿prendiste la tv? ¿Inmediatamente se activó la tv de paga? ¿Desayunaste un delicioso sándwich? Después de eso ¿te metiste a bañar, usaste un jabón corporal, shampoo y te afeitaste? ¿Te lavaste los dientes? ¿Dónde compraste la ropa que usaste ese día? ¿Qué marca es la camisa que usas? ¿Subiste de prisa a tu flamante auto?

Te aseguro que, con estas actividades tan cotidianas, para este momento ya utilizaste al menos 10 marcas de empresas que cotizan en Bolsa... ¿Quieres saber cuáles? Samsung, (probablemente usaste dos productos: LG (TV y refrigerador)

Apple, (celular) Bimbo, (sándwich) Gillette, (afeitarte) Procter and Gamble, (jabón, pasta de dientes, shampoo), Nestlé, (café) Netflix, dependiendo de la compañía con quien tengas tu celular, probablemente consumiste a América Móvil, un canal de TV (Disney), Facebook, whatsapp, Instagram (redes sociales).

Considerando que con este ejemplo me fui súper corto, observa que si desglosamos a mayor profundidad, encontraremos que en menos de una hora le habrás consumido a muchas empresas más. Ahora imagina cuántas personas están alistándose para iniciar su día al mismo tiempo que tú, millones y millones de personas consumiendo por segundo varios productos ¿verdad que sí conviene ser "socio" de empresas tan lucrativas? ¡Y sólo pusimos ejemplo de una hora! ¿A cuántas empresas más les consumirás a lo largo del día? ¿Cómo hacen estas empresas para poder crecer y dar servicio a todos sus consumidores?

Qué razón tiene Melinda Gates cuando dice "las grandes empresas que cotizan en la Bolsa de Valores son aquellas que ofrecen productos que generan un impacto positivo en la sociedad".

Estas empresas han crecido gracias al dinero que han obtenido de los inversionistas, todo está estrictamente regulado por la Comisión Nacional Bancaria y de Valores en el caso de México o la Securities Exchange Commission (SEC) en el caso de Estados Unidos e informan públicamente para generar confianza y que sea totalmente transparente.

CASAS DE BOLSA REGULADAS

A lo largo del tiempo que llevo capacitando a personas en temas de inversión, incluso en pláticas informales con amigos he escuchado sus dudas respecto a esta gran forma de inversión.

Antes de iniciar a platicarte acerca de las creencias más comunes sobre las inversiones en las empresas de la Bolsa de Valores, me gustaría ahondar en la palabra "inversión". Mucha gente "entrega" su dinero a un desconocido o a "empresas exitosas" con la creencia de que están invirtiendo o con la expectativa de invertir en plataformas o brokers no reguladas, lamentablemente a eso le llaman "inversión" y lamento decirte que no lo es.

Para comenzar permíteme explicarte qué es un Broker, es una empresa financiera que actúa como intermediario en la compra y venta de valores, como pueden ser las acciones de las empresas. En México se les conoce como Casas de Bolsa y en otros países como Puestos de Bolsa. Ser regulado significa que el gobierno de tu país garantiza que las operaciones de compra-venta sean legítimas y transparentes, es decir que lo que estás invirtiendo efectivamente sea el instrumento que te muestran. El hecho de que esté regulado te da la certeza y tranquilidad de que tus inversiones estarán vigiladas.

— *Jesús, ¿qué puede pasar con un bróker no regulado?*
— *Tiburcio, que el dinero que las personas tienen en este tipo de plataformas, no cuentan con garantías de que se puedan hacer retiros parciales o totales de su dinero o si lo pudieran retirar, se pueden encontrar de un momento a otro que ya no podrán. Implica que no*

hay entidades gubernamentales que estén vigilando sus movimientos y que tengan que responder por algún tipo de eventualidad.

— *Entonces ¿por qué las personas llevarían allí su dinero si no está regulado?*

— *Muchas veces lo que hacen estas "empresas" no reguladas, es que te dicen o te muestran que sí tienen regulación. Sin embargo, normalmente lo hacen en países denominados paraísos fiscales, en donde, en un momento de controversia quienes tienen su dinero allí, no tienen acceso, haciendo imposible una recuperación de su patrimonio o en un momento dado; lo hacen en países en donde un juicio para recuperar su dinero sea inaccesible o muy costoso y en la gran mayoría de los casos, por desconocimiento, Tiburcio.*

Varias personas se han acercado a mí, y me platican que "brokers experimentados" les prometieron enormes retornos de inversión, inclusive con "contrato" para que depositaran su dinero; a cambio les prometían retornos de inversión anuales superiores al 50%. Me platicaron también que cuando querían retirar su dinero, podían hacerlo, y en ese momento, les "garantizaban" que si depositaban más dinero, el retorno ahora sería más atractivo. De hecho en su plataforma se veían los supuestos "rendimientos", después si querían retirar parte de sus fondos, volvían a convencerlos de depositar más o ya desaparecía el supuesto "broker".

Esta situación fue muy frustrante para estas personas ya que no generaron intereses, y además perdieron su capital. Recuerda, si una empresa te ofrece administrar tus inversiones y te ofrece altas ganancias con nulo o mínimo riesgo, además te dice que ha logrado hacer ganancias para todos sus clientes, debes tener mucho cuidado puede ser fraude y que los grandes inversionistas del mundo como Warren Buffett o Peter Lynch por ejemplo han logrado un interés promedio anual de aproximadamente 27% de manera sostenida en el tiempo.

Por ello, te doy un ejemplo, hace poco, una persona a quien llamaremos "Lucía" llegó a consultarme, me comentó que una "empresa de inversión" la contactó para invitarla a pertenecer a su selecto grupo de inversionistas, les dieron una plática masiva en la cual les prometieron un retorno de más de 80% anual, además les aseguraron que estarían depositando ganancias mensualmente, me contó que al escuchar esos argumentos decidió confiarles su efectivo.

Al principio todo parecía marchar bien, incluso le ofrecían estados de cuenta detallados de las ganancias que llevaban. Lo que la hizo dudar fue que, una vez hecho el primer depósito, la contactaron para pedirle que "invirtiera" una suma más grande. Fue en ese preciso momento que decidió llamarme. Mi primera pregunta fue saber si tenían autorización del gobierno para hacer inversiones, me dijo que no sabía. Recuerda que esa información se puede consultar fácilmente en las páginas de internet oficiales de cada país, ya que, al ser institución financiera para operar fondos de inversionistas, deben contar con su trámite y autorización por parte del gobierno, sobre todo para que las inversiones estén protegidas de fraude. Le enseñé cómo verificar en la página oficial del Gobierno, evidentemente la pseudo "empresa" no se encontraba allí, es decir, no contaban con autorización.

Afortunadamente, primero me consultó y gracias a mi recomendación no depositó más y sus amigas que seguían confiando sin analizar, terminaron perdiendo su capital porque el supuesto "broker" desapareció. Viendo el lado positivo del tema, ella recuperó la confianza en las inversiones, ya que se dio cuenta que podía hacerlo por sí misma. Además de que para empezar a invertir lo hizo paso a paso, entendiendo el mundo de las inversiones a su propio ritmo y tiempo, desarrollando mucha disciplina. Un buen paso para ser un excelente inversionista es empezar con lo más fácil, por ello, le recomendé empezar con Renta Fija.

Lucía se encuentra en México, ella comenzó con los Certificados de la Tesorería (CETES), ahorrando el equivalente a 5 dólares al mes, primero a plazos no más de 1 mes. Para ella era sorprendente lo fácil que resultó hacer las inversiones por sí misma, sin que nadie toque su dinero, sobre todo que empezó con una cantidad muy accesible.

Me da tanta satisfacción saber que desarrolló el hábito del ahorro y posteriormente de la inversión. Ahora, Lucía empezó a invertir en otro tipo de instrumentos con la confianza plena de saber lo que hace y así tener el control total de su dinero.

— *¿Qué puedo hacer Jesús, cómo me protejo?*
—   *Las personas que acuden conmigo ya identifican perfectamente a estas empresas fraudulentas, porque les enseño a invertir su dinero sin que nadie más lo toque, ni siquiera yo conozco el patrimonio de mis alumnos. Ahora, ellos tienen los conocimientos para hacer inversiones exitosas, administrando ellos mismos su propio dinero. La página de internet de la Comisión de Comercio en Futuros sobre Mercancía de los Estados Unidos (U.S. Commodity Futures Trading Commission, o CFTC) que es una entidad reguladora del Gobierno de Estados Unidos, nos da varios ejemplos de fraudes y cómo detectarlos.*
— *Jesús, para evitar esa pesadilla ¿dónde puedo consultar las Casas de Bolsa Reguladas?*
— *Siempre las páginas oficiales del Gobierno directamente, Tiburcio.*

CREENCIAS POPULARES ACERCA DE LAS INVERSIONES EN LAS EMPRESAS

"No es necesario ser un genio para tener éxito en la Bolsa de Valores. La clave es la disciplina, el enfoque a largo plazo y el aprendizaje constante" Warren Buffett

CREENCIA POPULAR 1- "LAS INVERSIONES SON PARA MILLONARIOS"

¿Cuántas veces habré escuchado que "para ser socios o inversionistas de las empresas gigantes que cotizan en la Bolsa de valores debes de ser millonario"? Nada está más alejado de la realidad. Al contrario, más bien estas inversiones vuelven millonarias a las personas.

Te voy a dar un ejemplo; seguramente conoces a la empresa tecnológica TESLA. Tal vez tengas un automóvil de esta marca o en todo caso hayas tenido la oportunidad de ver en la calle algunos de sus autos circulando, son bonitos, ¿verdad? Bueno, pues esta empresa en el año 2011 pidió el voto de confianza de los inversionistas. Por supuesto, hubo muchos interesados, porque para invertir en una acción, se requerían 60 pesos (3 USD) sí, leíste bien, sólo 3 USD ¿qué crees que ha sucedido al día de hoy? Esa acción en tan sólo 10 años alcanzó un máximo de 7,500 pesos (400 USD) es decir, ¡la inversión creció más de 100 veces! de lo que valía en un inicio con respecto de lo que vale ahora. Date cuenta, su rendimiento fue de 10,000%, eso es mucho más de lo que te ofrece un banco, ¿cierto? ¿recuerdas cuánto te ofrece de rendimiento anual un banco? Con suerte una ganancia anual total de 1%, aunque normalmente es debajo de 0%. Ahora compara con el ejemplo que te acabo de proporcionar, hay una diferencia abismal. Por supuesto que el mundo de los negocios es más complejo, así como hay casos de éxito rotundo, también los hay de empresas que quebraron.

— *Jesús, estoy confundido, entonces ¿me puedes decir qué diferencia hay entre los brokers y estas empresas que mencionas que han tenido grandes rendimientos?*
— *Tiburcio, los brokers o casa de bolsa son intermediarios entre las empresas y los inversionistas. Recuerda que deben estar regulados, ello implica una autorización para operar como Casa de Bolsa por parte del gobierno; si no tienen esta autorización, se les considera no regulados y entonces no hay un organismo que regule y supervise los movimientos del dinero que las personas les confiaron y así, muchas veces prometen enormes retornos para que la gente acuda con ellos, teniendo un gran riesgo de perderlo. Por otro lado, las empresas que acabo de mencionar que tuvieron esos grandes rendimientos, se conectan con potenciales inversionistas a través de las casas de bolsa reguladas y con ello tenemos la garantía de que las operaciones y reportes que hacen estas empresas son totalmente transparentes y están reflejando lo que están haciendo en el mercado.*

Lo mejor de todo es que, así como este ejemplo, hay miles de empresas exitosas, eso es lo que te explico aquí y en mi entrenamiento **"Blinda tu Dinero®"**

CREENCIA POPULAR 2- SE PUEDE PERDER TODO EL DINERO EN INVERSIONES

Lamentablemente, la mayoría de las personas tienden a repetir lo que escuchan sin siquiera investigar al respecto. Por eso, ésta es una creencia que me han compartido decenas de veces. La gente me dice que han escuchado que el hermano del primo de un vecino perdió todo. A eso, falta agregarle lo que vemos en TV, sobre todo en películas de Hollywood como "La Gran Apuesta", "El Lobo de Wall Street" o como "El precio de la codicia". ¿Quién no ha visto por lo menos un filme en el que el protagonista pasa por algo así?

Para ser sincero, hace mucho tiempo también yo lo creía. Afortunadamente, a través de estudiar y analizar, me di cuenta de que ser inversionista no es una apuesta, aprender a conocer a fondo la empresa en la que inviertes es una práctica que los inversionistas exitosos hacemos y sobre todo para que estés seguro de qué está sucediendo con tu patrimonio.

A diferencia de muchas empresas o negocios privados, revisar la información antes de invertir es posible gracias a que las compañías que cotizan en la Bolsa están obligadas por ley a proporcionar toda su información financiera, y por lo tanto ser muy transparentes.

Imagina esto, vas caminando por la calle, hace mucho frío, en tu cartera llevas una cantidad considerable de dinero, entras a un negocio a tomar un café. En eso, el dueño, a quien no conoces, que es agradable, se acerca a ti, te habla muy bonito y elocuente, te dice que inviertas en su negocio, te indica la cantidad con la que podrías ser partícipe de las ganancias de su comercio, además te promete retornos muy altos, ¿harías una inversión en su negocio en ese momento? ¡Seguramente no! Pues bien, todo lo contrario sucede con las inversiones en las empresas que cotizan en la Bolsa de Valores, tienen toda su información de manera pública; primero las vas a analizar, vas a ver que todo esté en orden y con base en eso tomarás una decisión. Por ende, solo podrías "perder" si no sabes ni siquiera a quién o qué empresa le estás depositando tu confianza y tus recursos.

Es de suma importancia saber el grado de riesgo que quieres tener, en las inversiones como en cualquier negocio a mayores rendimientos mayores riesgos. Necesitas analizar si tienes un perfil arriesgado o conservador para que con ello definas tu cartera.

Como cualquier negocio, uno debe conocerlo, esperar a que maduren y crezcan. Un punto importante por ejemplo, es dar seguimiento de que en determinada empresa, los productos siguen innovando y se sigan vendiendo. Ahora cobran más sentido las palabras de Derek Bok que dice: "Si crees que la educación es cara, prueba con la ignorancia" No cabe duda de que la mejor inversión es la educación.

CREENCIA 3- MUCHAS EMPRESAS GANARON EN EL PASADO, PERO LA BOLSA YA NO VA A SUBIR.

"La bolsa ya subió mucho y no debería subir tanto" o frases parecidas yo las creía. Esa es la preocupación principal que había llevado a muchos interesados a detenerse e interrumpir su éxito financiero, hasta que tomaron mi entrenamiento **"Blinda tu dinero®"** y te explico a continuación.

Durante los últimos 15 años, las empresas que cotizan en todas las Bolsas del mundo han entrado a una etapa de expansión como no había existido en décadas. Entonces, ¿es cierto como dicen muchos que la bolsa ya no crecerá? Porque el razonamiento es que si ya creció mucho ¿cómo podrá crecer más?

Bueno, para empezar, tenemos que comprender por qué es que las empresas crecen. Esto se debe a muchas razones, una de las principales es si la empresa tiene buen producto. La segunda razón, es analizar si su producto se consume mucho. Incluso que, al crecer la población, la demanda de estas empresas crece a su ritmo. Mientras nosotros sigamos consumiendo, las empresas seguirán vendiendo, con ello las ganancias crecerán. Las compañías no se quedan cruzadas de brazos, porque buscan crecimiento y expansión, además de que muchas de ellas tienen capacidad de adaptabilidad a la sociedad para ir modificando su oferta de productos o servicios a las nuevas tendencias.

Para ello tenemos muchos ejemplos, la marca de autos Peugot en sus inicios comenzó con el negocio textil y se ha ido adaptando a los cambios y las necesidades de las personas. Otro ejemplo es el gigante Samsung que comenzó con la industria del pescado y verduras ahora se le asocia con la producción de tecnología, y un ejemplo más actual es Amazon.com Inc quien empezó como una librería en línea e innovó hasta llegar al comercio electrónico. Como puedes darte cuenta, las sociedades cambian y las empresas también, es por ello que seguirán creciendo.

CREENCIA POPULAR 4- PARA HACER ESTE TIPO DE INVERSIONES HAY QUE TENER ESTUDIOS MUY AVANZADOS.

Algo recurrente que me han compartido las personas, es su inquietud del nivel de estudios requeridos, imaginan que deben ser expertos en finanzas, o que es dificilísimo. Hablando de películas que influyen en nuestras creencias, ¿quién no recuerda el sufrimiento de Will Smith, en la película "En busca de la felicidad"? éstas imágenes y creencias distan mucho de la realidad.

Lo que sí se debe tener en cuenta y es muy importante, como en cualquier negocio, es sentido común. Analizar que las empresas en las cuales quieras invertir tengan un valor real. Por ejemplo, estoy seguro de que en tu casa, negocio o trabajo tienes por lo menos una computadora, ya sea Microsoft o Mac, permíteme informarte que Microsoft en los últimos 10 años ha tenido un rendimiento de 1,100% y la empresa Apple de 1,400% ¿qué es lo que hicieron estas empresas? qué es lo que los inversionistas pudieron ver sin tener estudios avanzados de economía y finanzas?

Quiero decirte lo que me compartió una alumna de mi entrenamiento, ella me comentaba que siempre le apasionaron los negocios, que veía a su alrededor y dichos negocios tenían un crecimiento exponencial, pero no sabía cómo ser partícipe de ellos, no sabía cómo invertir. Ahora, después de mucho tiempo de observar cómo se desarrollaban estos negocios, obtuvo una visión que le permite detectar oportunidades de crecimiento de las empresas y lo mejor de todo, ahora puede invertir en éstas.

Los inversionistas pudieron ver cómo los productos de algunas empresas facilitaban el día a día de la sociedad, no solamente a ellas, sino a todos nosotros como usuarios y consumidores. Actualmente, la tecnología que han desarrollado algunas grandes compañías se ha hecho indispensable para desarrollar nuestras actividades.

Regresando a nuestro tema, está claro que se deben tener las bases financieras, esto es lo que te compartiré; poder analizar a fondo la empresa en la cual invertiremos. Es algo sumamente fácil de entender; sólo sumas y restas, multiplicación y división, así de sencillo.

PSICOLOGÍA DE LA GRATIFICACIÓN INMEDIATA

"La gratificación inmediata puede ser adictiva. El secreto del éxito está en esperar cultivando algo inmensamente valioso" Jesús Palacios V.

Estarás de acuerdo conmigo en que a la mente le gusta el placer inmediato y que en muchas ocasiones le cuesta trabajo sacrificar las cosas hoy por los beneficios del mañana, ¿a qué me refiero? A que a la mayoría de las personas nos gusta más disfrutar un placentero viaje, adquirir un auto nuevo, o disfrutar un momento en un bonito restaurante, pero el hecho de gastar hoy ese dinero que podríamos invertir para el futuro, tarde o temprano, nos generará un sentimiento de incertidumbre respecto al mañana.

No estoy hablando de que todo lo que ganes lo inviertas, seguramente hay prioridades en el día a día en que deberás utilizar tu dinero, pero tarde o temprano el postergar tus inversiones hará que tenga un impacto en tu seguridad financiera a futuro.

Cuando la mente quiere gastar hoy, sin tener que esperar, sabiendo que el beneficio en el futuro sería un bien inmensamente mayor, se le llama la psicología de la gratificación inmediata que es ceder al impulso actual, aunque el beneficio futuro sea mayor.

Haz conciencia de esto, identifícalo, mi recomendación para que esto no suceda es, empezar paso a paso. Una vez que hayas desarrollado el hábito de la inversión y sobre todo que empieces a ver los beneficios, te será más fácil continuar construyendo tu futuro y mira que los años se van rapidísimo, No es necesario limitarse, sólo es cuestión de planear, recuerda que las inversiones son súper accesibles.

> — *Jesús, ya entendí que puedo empezar en renta fija por ejemplo con CETES, ya lo vi y es muy fácil*
> — *Muy bien, Tiburcio, es bueno que identifiques estos instrumentos que como acabas de mencionar son muy fáciles de adquirir.*

Cuando hablé de la creencia popular de que muchas personas piensan que la bolsa ya no puede subir tanto porque ya ha subido mucho, me vi reflejado. Hace algunos años cuando inicié a invertir, vi que muchas empresas estaban en precios muy accesibles. Si bien ya habían tenido crecimientos sorprendentes, siguieron subiendo. Te estoy hablando de valores arriba del 2000% sobre todo empresas de tecnología como Apple Inc., Microsoft Corp., Amazon.com Inc., Nvidia Corp. Esto me llevó a darme cuenta de que cuando la gente dice "la Bolsa ya no va a crecer", no es más que una creencia popular. Es como pensar que, si una empresa vende mucho, entonces ya no va a querer vender más, por supuesto que no, las empresas quieren crecer, muchas lo logran, por lo tanto, su valor en Bolsa aumenta. Por eso en los entrenamientos que imparto, les enseño a mis alumnos como analizar las empresas que están en expansión y crecimiento, a medir los datos financieros que aportan trimestral y anualmente las empresas, para que puedan elegir adecuadamente su cartera de tal manera que vean que el crecimiento continuará.

En ningún momento pienses que la Bolsa es para genios de las matemáticas, hace ya varios años me encontré una publicación en una red social, en donde había una foto de varias personas con computadoras sofisticadas, como 100 analistas muy nerviosos en una oficina muy grande, que mencionaba "a todos estos genios de Wall Street te enfrentas cuando decides invertir en la Bolsa de Valores", y como ya vimos, por supuesto, eso es una creencia popular falsa, piensa en algo, ¿a quién le conviene hacerte creer esto?

LA MAGIA DEL INTERÉS COMPUESTO

"El interés compuesto es la octava maravilla del mundo. Aquel que lo entiende, gana dinero; aquel que no, lo paga" Albert Einstein

Warren Buffett, uno de los hombres más ricos del mundo, socio de las empresas más grandes como Coca-Cola Company, Duracell Inc., The Kraft Heinz Company, por mencionar algunas empresas, en reiteradas ocasiones ha manifestado que el origen de su fortuna entre algunas otras cosas se la debe a "la magia del interés compuesto" como ha expresado en sus propias palabras.

Te preguntarás ¿qué es exactamente esto del interés compuesto? ¿por qué es tan importante? Bueno, mi forma de explicarte de manera sencilla qué es el interés compuesto es de la siguiente manera, imagina que una persona invirtió 100 USD, y tiene un rendimiento de 10%. Ahora esa persona quiere reinvertir, con la diferencia de que ya no solo lo hará con los 100 USD originales, sino que ahora ya tiene 110 USD con su rendimiento anterior. Al reinvertir dicha cantidad, ya no le genera 10 USD de rendimiento, sino 12 USD, y como sigue haciéndolo vuelve a recibir más ganancias, sobre el total de las previamente recibidas.

Al principio esto parece poco rendimiento, pero con el avance del tiempo generará ganancias exponenciales, Warren Buffett lo ha utilizado generándole miles de millones de dólares porque al generar rendimientos sobre rendimientos, el efecto del tiempo lo convierte en millones.

El interés compuesto en términos prácticos es obtener ganancias sobre ganancias previamente obtenidas. Por ejemplo, uno de los negocios de un banco es el cobro de intereses derivado de los préstamos que efectúa a sus clientes, si por algún motivo, un usuario no llega a pagar el saldo que le debe al banco, éste se los cobrará sobre el total del saldo de adeudo. Si nuevamente llega a haber otro atraso, lo que hará el banco es seguir cobrando, no solamente de lo que debía pagar el mes en curso, sino, también cobrará interés sobre lo que ya había generado intereses. Es por ello, que las deudas con las instituciones crediticias llegan a ser muy altas, tarde o temprano se pueden volver impagables; eso es precisamente el efecto compuesto. A eso se refería Albert Einstein al decir que quien no lo comprende, lo pagará. El banco al entenderlo perfectamente pertenece al bando de quien lo cobra.

Por el contrario, si tú le entregas tu dinero al banco, para que te lo administre, nunca te pagarán interés compuesto, ellos lo que hacen es pagarte intereses sobre el saldo principal, nunca acumulativos, a esto se le llama interés simple.

Aquí justamente te tengo buenas noticias, tú puedes conseguir que el interés compuesto funcione a tu favor. Esto lo logras con las empresas en crecimiento. Te daré un ejemplo, considera que decides ser accionista de una empresa que ya has analizado, que te convence; la acción vale 100 dólares. Durante el año, la empresa tiene buenos resultados y al colocar más sucursales e innovar en productos y algunas patentes, logra crecer más. Eso hace que varias personas deseen adquirir su acción, la cual ahora vale 115 dólares. Es decir, el valor de la acción creció un 15%, si decidieras venderla, tu ganancia sería de 15 dólares, vamos a suponer que decides conservar tu acción que ahora vale 115 dólares. Así que decides conservarla otro año, en el que la empresa sigue expandiéndose, todos quieren ser accionistas de esa maravillosa empresa que crece a un ritmo consistente. Al finalizar el año, vuelve a crecer el valor de la acción un 15%, ese porcentaje no es sobre el valor al que la compraste, esa acción que se adquirió originalmente en 100 dólares, ahora es sobre lo que vale actualmente que es 115 dólares; así pues, el 15% de 115 dólares es 17.25 dólares. Observa cómo el año pasado creció un 15% la acción y se valorizó 15 dólares, aunque en nuestro ejemplo vuelve a crecer el mismo porcentaje ahora se valorizó 17.25 dólares, es decir 2.25 dólares más, es así como funciona el interés compuesto.

— *Jesús, qué interesante, ¿cómo encuentro estas empresas que crecen a ritmos consistentes para crecer con ese efecto compuesto?*
— *Se hace con análisis como los que te explico en este libro, que además enseño en mis entrenamientos. Sin embargo, recuerda, Tiburcio, que tu principal componente es el tiempo.*

EL VALOR DEL TIEMPO EN LAS INVERSIONES

"Es fácil caer en la trampa de buscar ganancias rápidas en la Bolsa de Valores, pero la verdadera prosperidad proviene de la paciencia y la perseverancia" Peter Lynch

Warren Buffett, es considerado por muchos el mejor inversionista que ha existido, incluso se ganó el renombre de "el oráculo de Omaha", por haber nacido en Omaha, Nebraska, ¿qué es un oráculo? es una deidad que da respuestas a las consultas. Así que ya te imaginarás que halagador es que por su trabajo se haya ganado este sobrenombre.

¿Por qué te explico esto? Porque Buffett se ganó esto por los grandes rendimientos que generaron sus compras de acciones de empresas. De hecho, tanto fue así que generó un grupo empresarial que cotiza en bolsa, llamado Berkshire Hathaway, el cual es un conglomerado de grandes compañías.

Con este ejemplo, te puedes dar cuenta de la importancia de analizar cuando decides comprar una empresa. ¿Sabes qué le ayudó bastante a que sus empresas fueran las más grandes del mundo? Primero, debes saber que cuando las adquirió eran empresas promedio, otras le resultaron muy malas, nunca crecieron, ni se expandieron y terminó por venderlas, otras que vendió terminaron por crecer considerablemente. En resumen, le ayudó mucho el tiempo, sí, el tiempo que se mantiene como accionista de las empresas. Muchas veces el valor de las acciones caen y un buen análisis te sirve para comprender que es la oscilación normal del mercado. ¿Crees que Warren Buffett vende todo a la primera cuando el mercado va en descenso?

Warren Buffet puso este razonamiento en práctica "El interés compuesto es la octava maravilla del mundo, quien comprenda esto, lo gana, quien no, lo paga". Uno de sus principales aliados es el tiempo, él lo aprendió pronto; lo ha ganado con creces y lo sigue ganando, porque empezó a invertir desde los 11 años, es decir, ¡tiene 82 años invirtiendo! y como él mismo comenta, "empezó a invertir muy tarde", puede sonar a broma, pero lo dice en serio, te voy a decir por qué; si el tiempo para el interés compuesto es el aliado de Buffett, entonces entre más años se tenga una inversión en una empresa que está en constante expansión, dicha inversión crecerá exponencialmente.

— *Jesús, ¿me puedes dar un ejemplo exacto del crecimiento compuesto de una empresa? considerando eso de que mi principal aliado es el tiempo.*
— *Claro que sí, Tiburcio, si alguien decide comprar una acción en 100 USD y la empresa está creciendo a ritmo promedio de valor en el mercado de 15% alguien pensaría que en 10 años la empresa creció un 150%, es decir ese 15% en 10 años es 150% Sin embargo, con la magia del interés compuesto la inversión creció llegando a un precio de 404 USD, es decir más del 400%, si adicionalmente lo vemos a 20 años, en lugar de tener ganancias acumuladas de 300% (20 años x 15%) en realidad la ganancia es de más de 1600% ya que el valor de los 100 USD, ahora es de 1,636 USD.*
— *Caray, Jesús, ahora entiendo el poder del interés compuesto y por qué Warren Buffet invirtiendo 82 años es de los hombres más ricos del mundo.*
— *¿Sabes qué hubiera pasado si en lugar de invertirlos en la empresa que te dio un promedio de 15% anual se hubieran guardado en el banco?*
— *Sí, Jesús, esos 100 dólares ya hubieran perdido mucho*

valor adquisitivo, al grado de que prácticamente a razón de 20 años guardado ya no valdría casi nada.
— *¡Woow, Tiburcio!, excelente respuesta.*

Sí, tu mejor aliado es el tiempo para ver el verdadero potencial del interés compuesto, con esto no te digo que lleves tus inversiones como Warren Buffet a más de 80 años, solo que ahora puedes comprobar que no bromea cuando dice que entre más pronto comiences, mejor; porque con uno o dos años que hubiera empezado antes, el valor de sus inversiones sería mucho más alto.

Ahora, date cuenta que con la disciplina adecuada, que implica seleccionar empresas haciendo un análisis correcto, ser pacientes, esperar con el paso del tiempo que maduren y se expandan, se puede generar un amplio patrimonio por medio de la magia del interés compuesto. Como te darás cuenta así funciona en la vida y en los negocios. Si ya sabes esto, ¿qué esperas? ¡Adelante! ¡Comienza!

ESTRATEGIA GANADORA: DOLLAR COST AVERAGING

Para dimensionar la magia del interés compuesto realizaré una corrida financiera de una persona que decide hacer sus inversiones con una estrategia llamada **Dollar Cost Averaging**, la cual consiste en hacer compras recurrentes de la misma acción cada cierto período (mensual, bimestral, etc.)

— *Jesús, antes de continuar, ¿me puedes explicar por favor, qué es el Dollar Cost Averaging?*

— *Claro, Tiburcio, es una estrategia que utilizan los inversionistas y consiste en hacer compras de las acciones de las empresas en las que hayan decidido invertir con una periodicidad disciplinada ya sea de manera mensual, trimestral, semestral, inclusive anual, sin depender de las oscilaciones del mercado, aquí lo importante es la disciplina de respetar temporalidad y montos de las compras de las acciones.*

— *¿Y para que se hace esto, Jesús?*

— *Se ha demostrado matemáticamente que se aprovechan las fluctuaciones del mercado para obtener mayores porcentajes de ganancias, además de promover el hábito de la inversión y tener la capacidad de que con el tiempo nuestro monto invertido crecerá con mayores rendimientos. En resumen, si el valor de la acción bajó y justo hoy me toca comprar, entonces puedo aprovechar esa oportunidad.*

Entonces en nuestro ejemplo, el inversionista decide invertir 500 USD mensuales con la estrategia Dollar Cost Averaging en un portafolio de empresas que analizó y él mismo creó. Ahora bien, un punto interesante es que, en los últimos 20 años, las empresas más grandes de México han tenido un crecimiento promedio del 32% de acuerdo con los datos de la Bolsa Mexicana de Valores. Recuerda que el mercado tiene oscilaciones, así como han existido rendimientos anuales arriba del 60%, también han pasado por caídas de más del 30%, es por ello que hablamos de un promedio.

Para nuestro ejemplo vamos a establecer una media de rendimiento no del 32% sino, digamos que los siguientes años existiera un crecimiento moderado, digamos un 15% promedio anual, además de no considerar el efecto inflacionario para medir más fácil el impacto del interés compuesto. Con estos datos tenemos que saber que si en lugar de invertirlo, decidiera ahorrarlo en un banco con la periodicidad y el monto establecido, en un año tendría 6,000 USD y en 5 años 30,000 USD. Sin embargo, con su inversión con promedio del 15% anual, en un año obtendría un rendimiento de 900 USD, es decir su inversión llegaría a 6,900 USD, nada extraordinario por el momento; en 5 años su inversión llegaría a un monto de 46,522, para visualizarlo de una manera sencilla lo pondremos en una tabla:

No. de Años	Aportación Anual	Si ahorras acumulas	Si inviertes generas
1	6,000	6,000	6,900
2	6,000	12.000	14,835
3	6,000	18.000	23,960
4	6,000	24,000	34,454
5	6,000	30,000	46,522

6	6,000	36,000	60,400
7	6,000	42,000	76,360
8	6,000	48,000	94,715
9	6,000	54,000	115,822
10	6,000	60.000	140,095
11	6,000	66.000	168,010
12	6,000	72,000	200,000
13	6,000	78,000	237,028
14	6,000	84,000	279,482
15	6,000	90,000	328,304
16	6,000	96,000	384,450
17	6,000	102,000	449,018
18	6,000	108,000	523,270
19	6,000	114,000	608,661
20	6,000	120,000	706,860
21	6,000	126,000	819,789
22	6,000	132,000	949,658
23	6,000	138,000	1,099,007
24	6,000	144,000	1,270,758
25	6,000	150,000	1,468,271

Con estos números tenemos varias conclusiones: una de ellas, es que, al menos en los primeros 5 años casi no se nota la diferencia entre ahorrar e invertir. Sin embargo, con el avance del tiempo, en el año 10, quien eligió ahorrar, acumuló 60 mil USD y quien invirtió generó más del doble, acumulando 140 mil USD. Así se empieza a ver el crecimiento compuesto del valor de la cartera. Recuerda que el mejor aliado de éste, es el tiempo. De acuerdo con esta idea, es increíble cómo con 6 años más, es decir, en el año 16, el ahorro sería de 96 mil USD versus una inversión que representa casi el triple y llegará a 384 mil USD. Entonces, si el mejor aliado del crecimiento compuesto es el tiempo y la constancia vamos a ver qué pasa con 5 años más.

— *¿Qué pasa con 5 años más? ¿qué pasa en el año 20, Jesús?*

— *Bien, Tiburcio, con 15 años invirtiendo tu dinero en empresas, a una tasa de crecimiento mínima del 15%, triplicaste tu capital. Sin embargo, con tan sólo 5 años más, la elevas a más de 7 veces de lo que hubieras obtenido ahorrando.*

— *¡Wow! Ahora veo por qué dices que el tiempo es el mejor aliado del interés compuesto.*

— *¡Así es, Tiburcio!, toma en cuenta que el tiempo no espera a nadie y sigue pasando. El tiempo pasa demasiado rápido. Quienes tomamos **acción** AHORA tendremos ventajas ganadoras con respecto a los demás.*

— *Tienes razón, Jesús, ya veo por qué Warren Buffett sigue invirtiendo, al parecer, para él, ser Inversionista es una forma de vida, mira que invertir durante 82 años es un récord.*

— *Ya lo creo Tiburcio. Para que veas ya con toda claridad el poder del crecimiento compuesto, voy a extender el ejemplo en lugar de los 20 años que puse, ahora la voy a elevar a los 82 años que tiene Warren Buffet invirtiendo, simplemente es para que dimensiones el interés compuesto; tu crecimiento sería a 4,365 millones USD*

— *Ya lo veo con claridad, Jesús. Ahora entiendo por qué Warren Buffet es de los hombres más ricos del mundo.*

— *¡Exacto, Tiburcio! como él mismo ha declarado, el crecimiento compuesto ha sido su mejor estrategia. Muchos empezamos más tarde, a los 30´s, 40´s, 50´s, pero ¿sabes?, tengo alumnos que pagan mi entrenamiento a sus hijos ¡y tienen 12 a 15 años!; en vez de comprarles el PlayStation, invierten en educación, muchos asegurando* *así ser los primeros millonarios de la generación de su familia.*

— *¡Tienes razón Jesús! No se me había ocurrido traer a mis hijos a tu entrenamiento, ¿cuándo los traigo?*

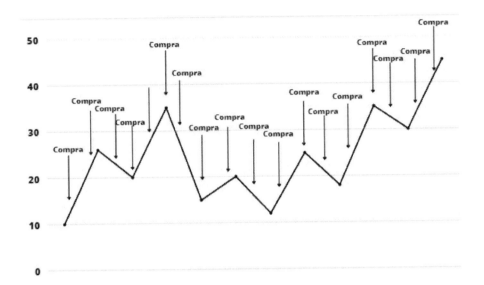

Dollar Cost Averaging una vez que se hace un análisis completo se programan compras en el tiempo independientementemene de las fluctuaciones del mercado

LA BOLSA DE VALORES NO ES CASA DE APUESTAS

"La Bolsa de Valores no es un casino, es un lugar para ser dueño de negocios"   Warren Buffett

Hemos llegado a una de las partes medulares que todos quienes deseen invertir deben conocer. Cuando decides dar el paso y estás en búsqueda de las mejores empresas para invertir tu dinero, debes saber (para que no te pase) que aproximadamente un 95% de los inversionistas actúa por corazonada. La mayoría de las personas eligen las empresas en las que invertirán con base en el cariño o afecto que les produce, tal vez porque crecieron usando sus productos o simplemente les recuerde bellos momentos o algo agradable. Por ejemplo, alguien que siempre veía a su papá afeitándose con Gillette, tal vez considere adquirir algunas acciones de Procter & Gamble Company, propietaria de la marca. Lamentablemente, estas personas se dan cuenta demasiado tarde que elegir Compañías al azar no es la mejor opción.

Estadísticamente, la mayoría de los inversionistas no sabe exactamente qué buscar en el mercado, desconoce cómo examinar una empresa que le asegure ganancias, ignora cómo elegir una empresa que esté creciendo o tal vez una Compañía ya consolidada.

Como dice Warren Buffett; "invierte en ti mismo", así pues, quienes nos capacitamos, tenemos ventajas ganadoras con respecto a la mayoría de las personas, porque, en primer lugar, invertimos con base en características muy concretas que hace única a una empresa con respecto a otras. Por ello, buscamos que tengan cualidades diferenciadoras con respecto a su competencia o mejor aún que no tengan competencia.

Por otro lado, sin ser grandes matemáticos, analizamos su información y de acuerdo a los datos que nos arrojan, empezamos a hacer el Dollar Cost Averaging (compras recurrentes) a las empresas elegidas o por el contrario si los números no manifiestan crecimiento, preferimos no comprarla.

Para poder analizar las empresas existen dos formas: Análisis Técnico y Análisis Fundamental.

El Análisis Técnico, es utilizado por Traders, es decir, personas o instituciones que toman decisiones con base en una gráfica, la cual describe el movimiento del valor de la acción de una empresa, ya sea al alza o a la baja, que ha tenido durante un determinado período de tiempo. Con base en ello, podemos invertir o especular, es decir, podemos comprar acciones o valores y en un determinado lapso podemos salir con nuestras respectivas ganancias. El tiempo para hacer estas operaciones va desde segundos hasta meses.

Este es un tema muy apasionante ya que, al hacer correctamente este análisis técnico, las ganancias son consistentes. En mi próximo libro, hago un amplio análisis técnico de las empresas y te enseño poderosas estrategias muy sencillas para obtener ingresos diarios en el mercado de valores.

A propósito de esto, Charles H. Dow y Edward Jones son considerados los padres del análisis técnico, de ellos te hablaré algo interesante en capítulos posteriores.

Ahora bien, lo más importante si quieres ser inversionista de las empresas, es hacer el Análisis Fundamental, es decir, como su nombre lo dice, analizar detenidamente los fundamentos de las empresas. Vamos a ello.

— *Espera, por favor, Jesús, ¿qué son los fundamentos de las empresas?*

— *Me refiero a conocer y entender a qué se dedica la empresa, qué vende, cuánto y en qué gasta, si sus ventas crecen, si tiene deudas, si tiene propiedades, si tiene planes de crecimiento, en fin, muchas variables que le dan vida y fundamento a la empresa.*

EL QUE BUSCA, ENCUENTRA.

"El análisis fundamental es como mirar a través de la ventana de una empresa y comprender su verdadero valor"   Peter Lynch

Para conocer a profundidad una empresa que te haya llamado la atención, siempre hay que hacer el Análisis Fundamental. Todos sabemos que de la vista nace el amor, es cierto, entonces ¿cómo aplica este dicho en las inversiones? porque lo primero que debes buscar en una empresa es que te guste.

— *¿A qué te refieres, Jesús? Dame un ejemplo, por favor.*
— *Es sencillo, por ejemplo, si eres vegetariano, no vas a invertir en una empresa que se dedica a los cárnicos, en todo caso vas a invertir en algo que sea acorde a tus creencias y gustos. De lo contrario, será muy fácil que, a la menor oscilación de la empresa, te quieras deshacer de ella, y tus argumentos mentales sean "ya sabía que esto no era lo mío" sin tomar en cuenta los números o la realidad.*

Recuerda, no la vas a elegir sólo porque te guste, más bien es el primer paso para empezar a conocerla a fondo, a continuación te mostraré qué es lo que hago.

LAS 4 P´S DEL MARKETING
(Price, Product, Place, Promotion)

Las 4 P´s del Marketing, se le atribuyen a Jerome McCarthy, un profesor de marketing, cuya teoría tiene mucha relevancia en el mundo de las empresas. Por ejemplo, en nuestro día a día vemos infinidad de empresas; en un centro comercial siempre habrá marcas o negocios muy exitosos con mucha clientela y en otros donde no hay mucho movimiento. Esto tiene que ver con el marketing en un negocio, y lo puedes utilizar a tu favor para seleccionar las empresas en donde serás inversionista.

Así pues, lo primero que busco en una empresa es que ofrezca un producto o servicio que sea de gran interés para los consumidores

— ¡Me puedes dar un ejemplo, por favor, Jesús?
— Con gusto, Tiburcio. Durante el año 2020, muchos comercios se vieron obligados a cerrar, ¿y sabes para quién fue un boom? Para las empresas tecnológicas, las empresas dedicadas a fabricar software no se daban abasto o ¿qué tal las farmacéuticas? A eso me refiero con que los consumidores van a tener interés por tu producto... más que interés, necesidad, incluso, a veces hasta obligación de consumirle a una empresa específica.

El primer punto, entonces es lo que en marketing se le conoce como **"Product"**. Cuando voy a seleccionar una empresa para invertir, lo primero que busco es saber si tiene un Producto valioso. Por ejemplo, una patente que le permita crecimiento y buena distribución o que ese producto o servicio le cambie la vida a las personas, ¿y cómo puedes conocer esta información?, es muy fácil, todas las empresas que conforman las bolsas de valores del mundo están **obligadas por ley** a proporcionar información detallada acerca de sus proyectos, sus estrategias, sus innovaciones y también de los riesgos que en un momento dado pudieran afectar la operativa de la empresa, por ejemplo, una crisis de materiales o algún hecho externo de cualquier naturaleza que le esté afectando actualmente, así como informar si pudiera existir algún riesgo potencial en un futuro.

En un momento más te platicaré a detalle cuando conocí al gerente financiero de Pedro Domecq, por lo pronto te diré que platicaba que él visitaba a todos los departamentos de la empresa para conocer a profundidad su función. Así mismo, nosotros podemos entender a las compañías, conocerlas bien, ver sus aciertos, sus potenciales áreas de crecimiento, pero ¿cómo lo hacemos sin necesidad de entrar físicamente a todos los departamentos de las empresas de nuestro interés?, ¡sencillo! Podemos hacerlo por medio de los informes de la gerencia. Tal vez te preguntes, ¿será que la información que nos están dando sea cierta, o solo lo hacen para mantener contentos a los inversionistas? Déjame decirte algo, las empresas en sus informes no pueden emitir información para manipular; por ejemplo, decir que son una gran empresa cuando no lo son, porque están estrictamente vigilados por las Comisiones de Bolsa de su respectivo país, si lo hicieran se castigaría fuertemente, para eso son auditados o revisados por despachos externos que corroboran la información descrita de cada empresa.

Si la empresa en que queremos invertir cuenta con "**Producto**", vamos bien, entonces pasamos al siguiente punto, que es analizar si tiene el respaldo de un "**Precio**" razonable. Ojo, no estoy diciendo "barato", me refiero a que el precio con el que se exhibe sea acorde a los beneficios que da al consumidor. Si es así, entonces esa empresa tiene fuertes probabilidades de tener una gran expansión. Es por ello, que nos encontramos Productos exitosos.

— *¿Cómo cuáles Productos exitosos, Jesús?*
—   *Por ejemplo, Tiburcio, el iPhone, por revolucionar la manera en que las personas se comunican; Microsoft Windows uno de los softwares más utilizados del mundo; Starbucks, una cadena de café en el mundo, por su enfoque de calidad y su ambiente acogedor.*

Como buen inversionista, solo tienes que desarrollar el hábito de ver a tu alrededor; aprender a observar. La capacidad de observación y sentido común te dará la apertura para identificar las compañías que tienen esa gama de Productos que están a nuestro alrededor, así darás el primer paso para encontrar empresas exitosas que puedan tener grandes oportunidades de expansión, además de conocer cómo funciona la compañía, exactamente a qué se dedica, quiénes son sus principales clientes.

Si además la compañía tiene **"Promotion"**, significa que tiene muy buenas tácticas de marketing para promocionar el producto o servicio. Esto puede ser mediante la publicidad o relaciones públicas para estar en la mente de los consumidores; un ejemplo es The Coca Cola Company que aparece en televisión, en eventos, patrocinios, se ve en infinidad de lugares, también Nike Inc. quien promociona atletas de alto perfil para generar el status y uso de sus productos.

Así llegamos a la última P, **"Place"**, traducido es plaza o distribución, se refiere la forma en que las empresas hacen llegar a los consumidores sus productos o servicios, es decir, la logística, es muy importante porque la innovación y desarrollo de esto puede marcar una diferencia sustancial en abarcar una buena parte del mercado. Por ejemplo, Amazon.com Inc. implementó una estrategia de distribución innovadora al entregar productos solicitados desde internet. Apple Inc. también innovó la manera en que distribuye toda su tecnología por medio de exhibiciones interactivas, con personal capacitado para atención al cliente.

Ahora, quiero decirte que para que inviertas en una empresa exitosa, no siempre debe tener estrictamente las 4 P 's, lo que es importante es que observes que tenga por lo menos dos de esas cuatro características que hagan la diferencia para que tu empresa sea exitosa y de esta manera tenga garantizado el crecimiento permanente.

Tema 1.   NEGOCIOS

General

Johnson & Johnson y sus subsidiarias (la Compañía) tienen aproximadamente 152,700 empleados en todo el mundo dedicados a la investigación y el desarrollo, la fabricación y la venta de una amplia gama de productos en el campo de la atención médica. Johnson & Johnson es una sociedad holding con empresas operativas que realizan negocios en prácticamente todos los países del mundo. El enfoque principal de la Compañía son los productos relacionados con la salud y el bienestar humanos. Johnson & Johnson se constituyó en el estado de Nueva Jersey en 1887.

Segmentos de Negocio

La Compañía está organizada en tres segmentos de negocios: Consumer Health, Pharmaceutical y MedTech. La información adicional requerida por este artículo se incorpora aquí mediante referencia a las descripciones narrativas y tabulares de los segmentos y resultados operativos bajo: "Punto 7. Discusión y análisis de la administración de los resultados de las operaciones y la situación financiera" de este Informe, y Nota 17 "Segmentos de Negocios y Áreas Geográficas" de las Notas a los Estados Financieros Consolidados incluidas en el Punto 8 de este Informe.

Salud del consumidor

El segmento de Salud del Consumidor incluye una amplia gama de productos enfocados en la atención médica personal utilizados en los mercados de Salud/Belleza de la Piel, medicamentos de venta libre, cuidado del bebé, cuidado bucal, salud de la mujer y cuidado de heridas. Las principales marcas en salud y belleza de la piel incluyen AVEENO; LIMPIEZA REALIZADA; DR.

Patentes

Las subsidiarias de la Compañía tienen como práctica obtener protección de patentes para sus productos y procesos siempre que sea posible. Poseen, o tienen licencia bajo, un número significativo de patentes en los EE. UU. y otros países relacionadas con sus productos, usos de productos, formulaciones y procesos de fabricación, que en conjunto se cree que son de importancia material para la Compañía en la operación de sus negocios. Las subsidiarias de la Compañía enfrentan desafíos de patentes por parte de terceros, incluidos desafíos que buscan fabricar y comercializar versiones genéricas y biosimilares de los productos farmacéuticos clave de la Compañía antes del vencimiento de las patentes aplicables que cubren esos productos. Los procedimientos legales y reclamos importantes relacionados con la patente y otra propiedad intelectual de la Compañía se describen en la Nota 19 Propiedad Intelectual" de las Notas a los Estados Financieros Consolidados incluidas en el Punto 8 de este Informe.

Compañía Johnson & Johnson por ley explica de manera detallada en qué consiste su negocio y sus estrategias de marketing para atraer potenciales inversionistas página 1

EL PROCESO DE CONVERTIRTE
EN INVERSIONISTA

"El que aprende y aprende y no practica lo que sabe, es como el que ara y ara y no siembra"
Platón

¡Felicidades! Vas avanzando a un excelente ritmo. Permíteme platicarte cómo empecé en este maravilloso mundo de las inversiones. Recuerdo que cuando era niño me encantaban las películas de todo tipo, sobre todo las de acción. Hubo una que me llamó la atención porque vestían trajes bonitos y viajaban en limusinas de lujo, algo que siempre admiraba y me gustaba. Esta película se llama "El Poder y la Avaricia" con Michael Douglas y Charlie Sheen, bueno, esta película me impactó porque estos hombres ganaban muchos millones. Fríos y calculadores, parecía que para sacar beneficio tenían que engañar y manipular, así, ese tipo de películas fueron mi primer acercamiento con el mundo de las inversiones. Nada más alejado de la realidad, en fin.

Avanzado el tiempo, cuando estudiaba la carrera en Contaduría, tuve otro acercamiento al mundo de las inversiones, en este caso fue una materia que se llamaba Bolsa de Valores. Yo estaba muy emocionado, recuerdo a mi maestro, lucía bastante bien con su traje, muy ordenado. Nos explicó las inversiones y la Bolsa de manera muy académica, es decir, nos llenó de muchos conceptos que no hacían sentido para la práctica. Evidentemente, le agradezco bastante esa información que en su momento me fue útil, pero no nos hacemos inversionistas sólo con conceptos, recuerda que tenemos que pasar a la acción. Por supuesto, primero es necesario entender los mecanismos, lo cierto es que las Inversiones son mucho más que términos y conceptos.

En esos momentos, no podía imaginar el potencial, la trascendencia que tendría para mi vida la Bolsa un poco más tarde.

Poco tiempo después, aun siendo estudiante, asistí a un Congreso organizado en el Tecnológico de Monterrey, el cual me gustó mucho. Recuerdo perfectamente que acudí a una conferencia que impartía quien en ese momento era el director de Finanzas de "Casa Pedro Domecq", todavía me acuerdo la seguridad con la que nos hablaba, su forma de caminar, su elegante traje. Nos explicó un poco sus funciones dentro de esa compañía, por cierto, a mi modo de ver; disruptivas porque me lo imaginaba detrás de un escritorio elaborando informes, lleno de papeles y números por todas partes. Por el contrario, nos comentó que prácticamente nunca pisaba su oficina, se la pasaba visitando los almacenes y los departamentos de la empresa. Decía que él quería estar en contacto con los procesos de elaboración de su producto, con la gente, quería involucrarse en muchas áreas de la empresa, no buscaba hacer todo, más bien quería meterse a ver el funcionamiento real de la empresa.

Comprender el funcionamiento de las empresas, es más sencillo de lo que crees, conmigo aprenderás a hacerlo, ya sea por medio de este libro o en uno de mis entrenamientos de formación; bueno, siguiendo con la historia. Al final, el gerente de Pedro Domecq nos comentó también que era accionista de varias empresas, mencionó que su fuerte era General Electric, yo dije: "¡Woow! este tipo tiene que ser multimillonario", claro, encasillado en las creencias que había generado por ver las películas de Hollywood respecto a los inversionistas de Wall Street. Recuerda que ya hablamos de las creencias populares respecto a invertir en empresas que cotizan en Bolsa, pues yo también las tuve.

Claro, si siguió invirtiendo, seguro ahora sí tiene que ser multimillonario. (Si recapitulamos el efecto compuesto, ya te imaginaras lo que sucedió, porque esta historia que te estoy contando tiene varios ayeres)

Algún tiempo después comencé una especialidad, recuerdo que mi maestra, una persona muy querida y preparada, nos solicitó estudiar la Ley del Mercado de Valores, la cual veíamos en un contexto de protección a las inversiones y a los accionistas, así como toda la estructura de la información que proporcionan las empresas, cómo deben estar constituidas y reguladas. Hasta ese momento seguía sin dimensionar el enorme potencial que podrían tener las inversiones, ya que nadie me había dicho que yo también podía hacerlo, eso es justo lo que quiero que tú aprendas, quiero que sepas que la tecnología y la información están a tu alcance como nunca habían estado en la historia de la humanidad.

Afortunadamente, poco tiempo después conocí a una persona, quien actualmente es un gran amigo y me pidió revisar su declaración anual. Al ver su información, me di cuenta de que era accionista de una empresa en particular, además hacía varias inversiones, todas reguladas y protegidas por las leyes. En ese momento, cambió el paradigma en mí, ¡sorpresa! por fin conocí a alguien de carne y hueso, de frente a mí, que era un accionista, lo que había visto en las películas ahora era real. Inmediatamente me hice preguntas, ¿cómo es que invertía o qué lo motivaba a invertir?

En mi cabeza regresó la imagen de todas aquellas películas donde los agentes de Bolsa llegan a sus oficinas en sus limusinas, listos para hacer compras millonarias. A decir verdad, en ese momento no pude entender del todo a mi amigo, porque seguía viendo ese mundo un poco distante. Sin embargo, eso me motivó muchísimo a iniciar en el mundo de las inversiones.

Poco después en mi incesante búsqueda y el deseo de ser inversionista, llegué a acudir a varias Ferias de Franquicias con mi esposa, porque constantemente buscaba diversificar mis ingresos, al mismo tiempo encontrar una empresa en crecimiento para poder comprar la franquicia y explotarla.

Estuvimos a punto de comprar ciertas franquicias, tienen beneficios por supuesto, sin embargo, no están obligadas a auditarse, además su información no es pública; por lo que, al desconocer sus datos estadísticos y financieros, no tendríamos referencias confiables. Además, queríamos un negocio que no necesitara nuestra presencia, y en este caso, todo lo contrario, se requería estar de tiempo completo trabajando; queríamos un negocio que trabajara para nosotros y no nosotros para ellos. Poco tiempo después me daría cuenta de que precisamente esto último es lo que ofrecen las empresas que cotizan en la Bolsa de Valores, libertad financiera y crecimiento exponencial, ¡por fin la luz aparecía!

¿POR QUÉ LAS EMPRESAS COTIZAN EN BOLSA?

Antes de que te conviertas en un **Tiburón Inversionista**®, es importante que conozcas la razón por la cual a una empresa le interesa buscar socios. Si lo piensas bien, las empresas que están generando mucho dinero, ¿por qué habrían de querer socios? ¿por qué no se quedan con todo el pastel? Vamos por partes, hablaré primero de por qué las empresas buscan socios.

Existen muchas compañías alrededor del mundo dedicadas a 11 sectores: Energía, Materiales, Industriales, Consumo de Bienes y Servicios, Consumos Esenciales, Salud, Financieros, Tecnología de la Información, Comunicaciones, Sector Inmobiliario y las que ofrecen Servicios Públicos. Estas compañías siempre están innovando e inclusive remplazando a empresas que no han invertido en desarrollo de sus productos y servicios, siempre ha pasado así y así seguirá pasando.

Cada país tiene una serie de requisitos estrictos para que las compañías puedan entrar a su respectiva Bolsa de Valores, así que el tener socios implica muchas responsabilidades para las empresas como; informar trimestral y anualmente sus resultados, además de todo lo que acontece en la compañía, también sus proyecciones a futuro, y lo más importante; es que el hecho de tener socios hace que cuando la empresa genere utilidades, esta tendrá que repartirlas, sean pocas o muchas las ganancias y se hará indefinidamente. Cabe mencionar que también hay compañías que en lugar de distribuir las ganancias a sus socios, las reinvierten en su propia empresa para continuar con sus planes de expansión.

— Jesús, pero a los socios les conviene recibir siempre sus ganancias, ¿o no?

— Una empresa que genera ganancias es una empresa exitosa, Tiburcio, y si esas ganancias las utiliza para seguir expandiéndose, el valor de la empresa crecerá, eso es más que bueno para los socios porque les incrementará su inversión.

— Excelente Jesús, ya quiero invertir.

— Muy bien, Tiburcio.

La obligación del inversionista es muy fácil, porque si en un momento dado decidiera ya no ser socio, simplemente puede vender sus acciones. La ventaja es que, si la compañía tuvo éxito y creció, no venderá sus acciones al valor al que las adquirió, sino a un precio mayor en proporción al crecimiento de esta, porque todo se trata de oferta y demanda. Si es una empresa reconocida, muchos querrán esas acciones y pagarán aún más por ella.

Sobre la pregunta de ¿por qué quieren entrar las empresas a cotizar en las Bolsas de Valores si han vendido bien? De hecho, uno de los principales requisitos es tener un considerable capital comprobable en su información financiera. Buscar el dinero de los socios, no es un préstamo en el que la compañía pague intereses y devuelva el principal después; más bien es buscar el dinero de los socios sin ninguna presión económica de pagar intereses que descapitalice a la nueva compañía que busca expandirse, sino que ésta se apalanque con dinero de los socios en donde tiempo después, cuando se empiecen a generar ganancias, se distribuyan entre los socios accionistas.

Así pues, uno de los principales intereses que tienen las empresas de entrar a cotizar a la Bolsa de Valores; es que recibirán dinero por parte del público inversionista para sus proyectos para llevar a cabo su expansión y crecimiento de una manera acelerada y consistente, que por sí sola, aunque le haya ido bien a la compañía, se tardaría más en concretar.

El hecho de que las compañías tengan socios implica compartir sus ganancias (llamados dividendos) de manera proporcional a su inversión. Toma en cuenta que en el proceso de consolidación de las compañías normalmente les lleva algunos años generar ganancias y los socios tendrán que esperar por ellas.

— *¿Qué son los dividendos Jesús?*
— *Son pagos que realizan las empresas a los socios por las ganancias generadas, de cualquier manera, abundaremos sobre esto a detalle en capítulos posteriores.*

Por otro lado, las empresas crecerán con dinero aportado, no prestado, así que no estarán presionados por grandes gastos de pagos de intereses ya que los socios no les prestaron dinero, más bien aportaron dinero a cambio de una potencial ganancia a futuro. Los socios analizaron previamente el plan de expansión, así pudieron ver que la compañía en la que decidieron invertir crecerá y en algún momento generará dividendos. Es decir, mientras la compañía no genere ganancias, no tendrá la obligación de pagar dividendos, esto le permitirá desarrollarse. La obligación del inversionista será informarse de que todo marche bien, que los proyectos continúen, ya que de lo contrario su inversión puede sufrir una minusvalía y no generar las ganancias que había calculado.

— *Jesús, ¿me podrías decir qué es minusvalía?*
— *¡Qué buena pregunta, Tiburcio! De hecho, existe la minusvalía y plusvalía. Te voy a poner un ejemplo, si*

*decides invertir 100 USD en una empresa, dentro de un
mes probablemente ya valga 120 USD a eso se le llama
plusvalía y si vendes tu acción, entonces a eso le llamamos
ganancia, por el contrario, si alguien invierte esos 100 USD
en una compañía y en un mes vale 90 USD a eso se le llama
minusvalía, sin embargo, si no se vende la inversión no es
pérdida, sólo minusvalía.*

— *Perfecto, Jesús, ya veo… Hasta que se vende ya es pérdida o
ganancia, mientras se tenga es minusvalía o plusvalía.*

— *¡Exactamente!*

Te voy a dar un ejemplo de una empresa que inició con
un proyecto disruptivo, tal vez hayas escuchado o inclusive
has comprado algún producto en Amazon.com, Inc. que tiene
su sede en Seattle, Washington. Según los informes de la
administración, comenzó operando como un minorista de
libros, abrió por primera vez su sitio web en julio de 1995. Tal vez
en ese momento muchos de nosotros, al menos yo, no teníamos
aún acceso a internet, aun así, esta empresa tuvo la visión de
encontrar una potencial fuente de ingresos en línea, que hasta
ese momento era desconocida por muchos, aunque se veía que el
internet crecía a un ritmo acelerado.

Es por ello que, en mayo de 1997, hizo una oferta pública
de sus acciones para que el gran público inversionista las
pudiera adquirir, de esta manera entró a cotizar al mercado
NASDAQ (National Association of Securities Dealers Automated
Quotation) que es la segunda Bolsa de Valores más grande de
Estados Unidos.

En ese momento muchos inversionistas potenciales pusieron su
atención en Amazon.com, Inc. como una empresa innovadora,
por ello, compraron las acciones de la empresa por medio de la
Bolsa de Valores NASDAQ. Déjame decirte que desde su inicio,
desde que salió al mercado, hasta su punto más alto creció o ha
crecido 188,650%. Es decir, el valor de la acción se incrementó
1886 veces desde que salió a oferta en Bolsa.

Claro que estas valorizaciones tan altas no la alcanzan todas las empresas. Lo que quiero ejemplificar es que, tanto la empresa como el inversionista salieron beneficiados, los accionistas por la valorización tan grande alcanzada y la empresa por recibir dinero por parte de los inversionistas y por supuesto; los creadores o fundadores originales por medio de sus acciones.

LOS ÍNDICES Y LOS ETF´S

"Los índices y los ETF´s nos recuerdan que para tener éxito, muchas veces la clave es la simplicidad"   Jesús Palacios

¿Qué hacen los países para medir el crecimiento de las compañías? ¿quién o quiénes llevan a cabo esa labor? ¿cómo lo hacen? Es sencillo, cada país toma una muestra de un determinado número de empresas, por ejemplo, podrían ser las más grandes en términos de capitalización, es decir, son las compañías que más valor tienen en el mercado o pueden tomar una muestra también de empresas de un determinado sector de la economía, por ejemplo, el tecnológico, así empiezan a medir su desempeño por medio de un índice.

> — *Jesús, mencionaste "las empresas más grandes en términos de capitalización", ¿qué es la capitalización?*
>
> — *Muy buena pregunta, Tiburcio, en términos simples, es lo que vale una compañía en el mercado, si una compañía tiene 1,000,000 de acciones y cada acción vale en el mercado por ejemplo 1 USD, entonces la capitalización de esta compañía es de 1,000,000 USD.*

Dicho Índice es elaborado por empresas especializadas en servicios financieros, quienes medirán en términos porcentuales el crecimiento de las empresas, es decir, imagina al Índice como un termómetro, en donde todos los días va teniendo variaciones y de una sola vista puedes ver en qué medida se encuentra, si sube o baja la temperatura tienes el control de manera rápida, de la misma manera pasa con las compañías, como es una medida que dice dónde están económicamente puedes ver de manera general el desempeño de estas.

Para mayor comprensión, te voy a hablar de dos personajes en Estados Unidos, Charles Dow y su socio Edward Jones. En 1884, Charles Dow, un periodista de la época, publicó el primer promedio del mercado de valores, el cual estaba compuesto por 11 empresas, de las cuales 9 eran ferroviarias y dos manufactureras. ¿Por qué lo hizo? Porque en primera instancia consideró que tenían un comportamiento similar, y su principal interés era porque quería mostrar la salud económica del país con estas 11 empresas, así nació el primer índice bursátil.

Poco después, modificó ese índice y creó otro, para tener ahora dos índices independientes. El primero quedó compuesto de 12 acciones industriales y el segundo de 20 acciones ferroviarias.

Años después, conforme Estados Unidos crecía, también lo hacían sus empresas, entonces el índice industrial creció para componerse de 30 empresas. Charles Dow estableció así las bases para hacer los índices. Hoy en día, prácticamente todos los inversionistas y traders, sean institucionales o minoristas, los utilizan en mayor o menor medida para poder tomar decisiones de compra o venta.

En la actualidad, existen infinidad de índices, por mencionar solo algunos;

- En Estados Unidos existe el más antiguo, que es el índice Dow Jones, compuesto por las 30 empresas industriales más grandes de ese país.
- Por otra parte, el NASDAQ concentra en su gran mayoría a las empresas tecnológicas más grandes, también de USA.
- En México se encuentra el índice IPC (Índice de Precios y Cotizaciones) que concentra las 35 empresas de mayor capitalización en México.
- En Colombia es el IGBC (Índice General de la Bolsa de Valores de Colombia)

- El DAX (Deutscher Aktienindex) Índice alemán de las 30 empresas más grandes de dicho país.
- NIKKEI225 incluye a las 225 empresas más grandes de Japón.
- Sin embargo, uno de los más importantes de todos, ya que por el tamaño de sus compañías supera cuantiosamente a muchos índices, es el STANDARD & POOR´S 500, que son las 500 empresas de mayor capitalización en Estados Unidos.

La importancia de este último radica en que es un termómetro financiero de empresas que cotizan en la Bolsa de Estados Unidos y que dan un panorama de la salud financiera de dicho país, además de que este índice en particular llega a influir en los índices de otros países, ya que las empresas que lo conforman son demasiado grandes.

Te preguntarás para qué sirve esta información, bien, pues déjame decirte que cuando llegues a escuchar en las noticias de tu país que el índice de la Bolsa subió 4%, eso significará que el promedio de las empresas de las que está refiriendo incrementó su valor un 4%, lo cual se interpreta como una buena noticia, mientras que en otros casos si baja podría deberse a una mera fluctuación o a algún acontecimiento económico no muy positivo.

¿Y cómo puedes aplicar esto de manera práctica para tu beneficio? Hay instrumentos financieros que cada vez han ido tomando más importancia, no solamente por los inversionistas, sino también por especuladores.

— *Jesús, ¿qué es un especulador?*
— *Un especulador es una persona o institución que se*

dedica a hacer operación con riesgo. Su principal objetivo es tener rendimientos en el corto plazo. No le interesa invertir, sólo le interesa la ganancia. Por ejemplo, Tiburcio, alguna institución financiera podría especular respecto a que Alibaba Company subirá el próximo mes, entonces decide comprar 10,000,000 de acciones, vamos a suponer que efectivamente subió 20 USD, el especulador al cumplir el objetivo se retira con una ganancia de 200,000,000 USD porque Alibaba al subir 20 dólares con 10,000,000 de acciones le da ese valor al venderlas.

— *Pero entonces eso es como una apuesta o ¿cómo le hace para saber que subirá esos 20 USD?*

— *No, Tiburcio, para especular hay que estudiar y tener estrategias definidas; eso te lo enseño en mi entrenamiento y libro* **TIBURÓN TRADER**®

Por otra parte, los instrumentos financieros que cada vez han tenido más relevancia para los inversionistas son los llamados Exchange Trade Funds por sus siglas ETF´s o llamados Fondos Cotizados.

Ya hablamos de que los índices refieren el promedio de un sector o conjunto de empresas. ¿Y entonces que son los ETF´s? Los ETF´s son una maravilla, porque replican o siguen el movimiento de los índices, es decir, un ETF se comercializa como si fuera una acción, con la gran diferencia de que si nosotros decidiéramos comprar las acciones de cada empresa que conforman a un índice, tendríamos que invertir una suma considerable, mientras que si adquirimos el ETF equivale a comprar todas las acciones que lo conforman, con una inversión mucho más accesible.

Para que sea más fácil de entender, imagina que vas a un centro comercial en navidad, hay muchísimos artículos en la tienda, ahora imagina que de tantos productos, no sabes qué comprar. De repente, observas que hay despensas o arcones navideños ya elaborados por expertos de ese centro comercial, con varios artículos de buen gusto, así no tendrías que molestarte en ir por toda la tienda y ver cuáles comprar, porque ya alguien lo hizo por ti, así son los ETF´s, un experto financiero de la Administradora ya los elaboró, sólo tienes que escoger el que más te guste y listo.

Te daré un ejemplo, existe un índice llamado Russell 2000, el cual está compuesto por las 2000 empresas más grandes de Estados Unidos, después de las primeras 500 más grandes. Es decir, estas empresas están de la 501 a la 2501 más grandes, se le conoce como el índice de las pequeñas y medianas empresas, aunque para ser sincero, son empresas muy grandes, solo que se les conoce así porque aún no son tan grandes como las 500 del Standard & Poor´s 500.

Recuerda que un índice es un promedio del mercado, habrá empresas que les vaya muy bien, otras tal vez no tanto, lo que sí es casi seguro es que, en promedio, tu inversión tendrá plusvalía ya que la utilización de bienes y servicios es constante, cada vez hay más personas consumiendo, derivado incluso de nuevos hábitos. En consecuencia, hay un auge económico que lo alienta.

Ahora bien, si quisieras adquirir una acción de cada una de esas 2000 empresas, necesitarías un monto aproximado de 60,000 USD.

Puedes estar pensando y ¿cómo le harías para comprar todas las acciones que componen ese índice? Aquí es donde entra la magia, ya que existen ETF´s que replican al Russell en este caso por ejemplo hay uno llamado iShares Russell 2000 ETF, cuya inversión aproximada es de 160 USD, mucho más accesible ¿verdad? Es decir, con una inversión de 160 USD, estarías adquiriendo el "arcón" de 2000 empresas.

¿Quieres un ejemplo más? el Índice de Precios y Cotizaciones, el cual mide el desempeño de las 35 empresas más grandes de México, tiene su ETF llamado iShares NAFTRAC. Si quisieras invertir en las 35 empresas que componen al índice IPC necesitarías un monto aproximado de 200 USD, y al invertir en el ETF iShares NAFTRAC sólo requieres un monto aproximado de 2.50 USD. Además del dinero, para adquirir 35 acciones, te llevaría al menos una hora frente a tu computadora, por otro lado, al adquirir un ETF lo haces en segundos.

Tiene muchas ventajas y beneficios invertir en los Fondos Cotizados, uno de los más importantes es su bajo costo de administración, otro es que los inversionistas pueden comprarlos y venderlos en cualquier momento.

Tal vez te estés preguntando quién elabora estos ETF´s; son elaborados y gestionados por Administradoras de Activos, las más importantes son Blackrock, Vanguard, Global X, e Invesco, por mencionar algunas. Las Administradoras compran acciones pertenecientes al índice que quieran replicar en grandes volúmenes y con ello respaldan al ETF.

— *Entonces, ¿se invierte en el índice o en el ETF?*
— *Se invierte en el ETF, que es una canasta de activos que replica el movimiento del índice. Recuerda Tiburcio: el Índice es solo una medida.*

Las Administradoras de Activos, primero crean el ETF por medio de la adquisición de las acciones de las empresas, o inclusive hay algunos que están más diversificados, además de empresas, podrían tener bonos, hasta materias primas. Después de elaborarlas, están disponibles para compra, y ellos se encargan de llevar el control.

También existen ETF´s de índices de sectores económicos, concretamente hay 11 de manera general:

Sector I – Energía.
Sector II – Materiales.
Sector III – Industrial.
Sector IV – Servicios y bienes de consumo no básico.

Sector V – Productos de consumo frecuente.
Sector VI – Salud.
Sector VII – Servicios Financieros.
Sector VIII – Tecnología de la información.
Sector IX – Comunicaciones.
Sector X – Inmobiliario.
Sector XI – Servicios Públicos

Estos sectores están conformados por grupos de empresas que operan en áreas específicas de la economía y precisamente las Administradoras de ETF´s lo que hacen es elaborar paquetes con las acciones de varias compañías que replican el comportamiento de estos índices de sectores.

Si hasta aquí te parece interesante, espera a conocer a la Administradora Global X. Los ETF´s elaborados por ésta, son temáticos, es decir elaboran una canasta con empresas de sectores muy especializados. Referente a esto, hay empresas muy específicas dentro de los diferentes sectores del mercado de acuerdo con tendencias. Por ejemplo, dentro del sector de Tecnología de la Información, hay un campo que cada vez está tomando mayor relevancia y participación que es la Inteligencia Artificial, por ello elaboraron un ETF de este rubro.

Es decir, Global X, elaboró lo que ellos describen como: "buscar invertir en empresas que potencialmente se beneficien del mayor desarrollo y uso de la tecnología de inteligencia artificial..." de hecho la misma administradora elabora previsiones respecto del desempeño que podría tener en términos de crecimiento de sus ETF´s. Sin embargo, como hemos comentado no puedes basarte en ello al 100%. Aunque claro, elaboran estudios que lo respaldan, por ejemplo, en lo que se refiere a inteligencia artificial comentan lo siguiente: "las previsiones sugieren que el mercado mundial de inteligencia artificial podría multiplicarse por diez, de 30,000 millones de dólares en 2020 a 300,000 millones de dólares en 2026".

Insisto, son previsiones, no realidades. Te diré algo, el cofundador de Google, una de las firmas más grandes de tecnología del mundo, comentó alguna vez que hay muchas compañías que se sienten cómodas haciendo lo que siempre han hecho, y que hacen algunos cambios mínimos en sus proyectos, además, explicó que cuando pasa el tiempo tienden a desaparecer, sobre todo en lo que se refiere a tecnología, es decir no evolucionan.

Una de las grandes ventajas que ofrecen los ETF's es; por ejemplo, el que hemos referido de inteligencia artificial, Global X, seleccionó profesionalmente a un grupo de 86 empresas de todo el mundo que cotizan en sus respectivos países, sí, porque un ETF, no siempre está conformado por un solo país, sino que pueden ser empresas de varios países.

"Habrá empresas que revolucionarán con pequeños cambios, y habrá otras que evolucionarán" Larry Page

Precisamente, dichos ETF´s te permiten acceder a empresas de todo el mundo a precios muy accesibles, y por supuesto, dentro de dicha canasta del ETF habrá empresas que no despegarán y otras que definitivamente te harán obtener increíbles resultados en tu cartera.

Por otro lado, también tienen ETF´s de Blockchain, videojuegos, o el Metaverso; es muy interesante como dentro de los 11 sectores hay temas muy específicos que pueden lograr muy buenos rendimientos si logran desarrollarse.

Otro ejemplo de un ETF muy específico que al mismo tiempo abarca varios sectores, es el que tiene que ver con Robótica Industrial y automatización, que está conformado por empresas de Tecnología de la Información, Industriales, de Salud, Financieras y de Energía, es decir el potencial es demasiado porque las empresas están innovando y elaborando desarrollos.

Recuerda, una de las enormes ventajas de los ETF´s radica en que tú mismo lo puedes comprar y vender en el momento que desees, a diferencia de un Fondo de Inversión del que te hablaré a continuación.

— *¡Qué interesante Jesús! Me doy cuenta de que hay varias administradoras de ETF´s. Me surge una duda ¿de un solo índice puede haber dos o más ETF´s elaborados por distintas administradoras?*

— *Sí, Tiburcio, sí los hay, por ejemplo, se encuentran los ETF´s IVV, VOO, y el SPY de distintas Administradoras, replicando todos ellos al índice Standard & Poor´s 500.*

— *¿Funcionan igual?*

— *Así es, Tiburcio, ya que replican al índice de seguimiento.*

— *Y entonces ¿cuál me conviene si se mueve exactamente igual?*

— *Conviene el que te cobre menos comisión por administrar, además de que hay ETF´s que reparten los rendimientos que generan y otros que lo capitalizan. Es decir, en lugar de repartirlos, los reinvierten automáticamente, así tus rendimientos serán mayores.*

FONDOS DE INVERSIÓN Y PARA QUIÉNES SON

"No es necesario ser un experto para invertir. Lo más importante es saber en qué no eres un experto"   *Warren Buffett*

Recientemente, en una fiesta conocí a Leonardo, y hablando sobre inversiones, me dijo que él, al no poseer conocimientos sobre su funcionamiento, no se complicaba y acudía a una Casa de Bolsa para que le abrieran un Fondo de Inversión. Antes de continuar, permíteme decirte primero qué es un Fondo de Inversión: son empresas privadas constituidas legalmente, también conocidas como Sociedades de Inversión, su función o una de sus funciones, es reunir capital o fondos de muchas personas, con la finalidad de conformar cantidades millonarias.

Una vez que se acumula un gran fondo, dichas sociedades administran el dinero y van tomando decisiones para la compra de distintos instrumentos que se encuentran en el mercado, en cantidades enormes. Todo el capital con el que cuentan lo invierten en el Mercado de Valores, así como también en bienes raíces o inversiones privadas y si hacen buena administración y buenas compras, van incrementando el Patrimonio de esa Sociedad de Inversión, así, los portadores de los títulos de estas sociedades que invirtieron su dinero pueden generar ganancias.

Puedes verlo de esta manera, si hay un millón de inversionistas que aportan su dinero en una Sociedad de Inversión y si cada uno dio un dólar, entonces habrá un millón de títulos, la Sociedad de Inversión al tener este Fondo empieza a comprar distintos instrumentos que puede ajustar a las compras o ventas en el mercado de acuerdo con las condiciones económicas de este. Así que, el dinero que tenía inicialmente en efectivo, ahora lo tiene en los Instrumentos de la Bolsa de Valores. Siguiendo con el ejemplo, si obtiene un rendimiento de 100,000 dólares, entonces el Fondo ya es de 1,100,000 dólares, el cual se divide entre el millón de inversionistas, por lo que ahora el nuevo valor de su título será de 1.10 dólares, es decir, una ganancia de 10 centavos por título y así sucesivamente con las ganancias posteriores.

Tal vez te preguntes ¿quién está detrás de la administración de dichos Fondos? ¿quién toma las decisiones? ¿quién decide qué comprar y qué vender? bien, detrás esta una persona o grupo de personas que la institución o Sociedad de Inversión respalda, que tienen los conocimientos, experiencia y aptitudes necesarios para poder ejercer dicha administración del Fondo de Inversión.

— *Jesús, ¿me puedes dar un ejemplo de cómo se forman estos fondos de inversión, por favor?*
— *Claro, Tiburcio, imagina un chef que elabora pasteles (fondos de inversión) una vez hechos, los lleva a las pastelerías (que son los distribuidores) y estos a su vez se los venden a los clientes (que será el gran público inversionista), todo esto se opera en la Bolsa de Valores. A su vez los consumidores están tranquilos en consumir los pasteles del chef porque ya tiene experiencia elaborándolos. Y otra ventaja es que están supervisados por el gobierno.*

Ahora, déjame platicarte cómo comenzaron los Fondos de Inversión. Se popularizaron en Estados Unidos, poco después de iniciada la Segunda Guerra Mundial. Los expertos financieros de aquella época se dieron cuenta de que quienes iban a la guerra tenían la necesidad de dejar un recurso a sus familias, ya que corrían el peligro de quedar desamparadas, pues muchos de ellos ya no regresarían. Quienes sí tenían la fortuna de regresar a casa, al ver el funcionamiento de los Fondos, lo que hacían era incrementar su participación, por lo que empezó a tomar gran relevancia ya que era algo innovador. Y ¿qué tenían de innovador? Que diversificaban, además, como acabamos de ver, las ganancias del fondo se reinvertían generando cada vez mayor participación y trabajando el interés compuesto que es generar intereses sobre lo que ya había generado interés, así, la ganancia incrementaba muchísimo.

Todo aquello era revolucionario en su momento, precisamente porque antes las inversiones estaban limitadas a la compra individual de acciones, bonos o cualquier activo, por ello generaron gran relevancia para ese tiempo en el mundo de las inversiones, y se empezó a replicar en otras partes del globo. En otras palabras, era la moda de las inversiones en esa época.

Quiero platicarte que hay otra razón de fondo por la cual dichas Sociedades de Inversión tomaron gran relevancia. Muchas personas —como Leonardo—, desean invertir, quieren poner orden en sus finanzas y aunque es muy fácil aprenderlo, no saben cómo hacerlo y deciden que lo haga alguien más, a pesar de que les cobran altísimas comisiones.

Una de las creencias que las personas tienen, es que las inversiones son muy complicadas o que requieren mucho tiempo. Claro que se debe aprender y entender el mercado para que alguien por sí mismo haga sus inversiones, aunque en realidad como vimos anteriormente, es sencillo.

Por otro lado, Leonardo me contaba que él no creía que con sólo su dinero podría hacer las inversiones que hacen las Sociedades de Inversión, es decir pensaba que se requerían millones. Le comenté que, por el contrario, él tenía acceso a instrumentos como los ETF´s con la gran ventaja de poder comprar y vender al momento y tener el dinero disponible.

— *Jesús, tengo una duda, entonces el Fondo de inversión no se puede comprar y vender en cualquier momento?*
— *Normalmente se pueden comprar y vender*

cuando uno quiera, pero hay que saber que algunos fondos de inversión pueden tener algunas restricciones en cuanto a la cantidad mínima y el plazo mínimo que se debe mantener la inversión.

Le platiqué además que los ETF's ofrecen una amplia diversificación, lo que disminuye significativamente los riesgos de una minusvalía; otra de las más importantes ventajas son los costos de operación, ya que un Fondo de Inversión tiene tarifas de administración demasiado elevados con respecto a los ETF's y esto desafortunadamente influye poderosamente en los rendimientos.

Además, te voy a dar un dato interesante que te va a sorprender, prácticamente todos los Fondos de Inversión tienen en su cartera una gran cantidad de ETF´s, es decir, estos tienen rendimientos tan atractivos además de comprarse y venderse con tal facilidad, que son los favoritos de estos grandes Fondos de Inversión, es por ello que es la innovación en las inversiones a precio súper accesible a los inversionistas.

Antes de continuar quiero hablarte de un sector que ha tomado mucha relevancia en Estados Unidos y recientemente los últimos 10 años, en México, me refiero al Sector Inmobiliario.

GENERA INGRESOS MES A MES A TRAVÉS DE FIBRA´S

"El Ingreso Pasivo es la llave maestra para la Libertad Financiera"
Tonny Robbins

Recuerdo que desde que era niño, mis padres me decían que una vez que trabajara y empezara a generar ingresos, lo primero que debía hacer era ahorrarlos para comprar una casa o un terreno y poder vivir allí, ¿te suena familiar esta historia?

Por supuesto que en la teoría esto suena muy bien porque la gran mayoría de las personas crecimos con la meta de tener una casa o terreno propio. La realidad, es que esa era mi forma de pensar, me decía a mí mismo que era una de las mejores formas de invertir; nada más alejado de la realidad.

Con el tiempo he aprendido que lejos de ser una buena inversión, es precisamente todo lo contrario. En su momento, enfocaba todos mis esfuerzos, ahorros y tiempo en adquirir un bien que, en lugar de generarme algún ingreso, me generaría gastos.

Actualmente, todavía miles de personas solicitan créditos para comprar una casa habitación, para posteriormente ponerla en renta o acceder a inversiones inmobiliarias. Sin embargo, en la mayoría de los casos no contemplan los altos gastos por las tasas de interés y el largo período que les llevará solventarlos, considerando que a mayor plazo de crédito, mayor pago de intereses. Eso, sin contar que pudieran no rentar la propiedad rápidamente o que algunos meses podría estar desocupada.

— *Jesús, ¿a qué te refieres con que las personas cuando adquieren una casa habitación o departamento a crédito pudieran no rentar la propiedad rápidamente o podría estar meses desocupada?*

— *Lo que pasa Tiburcio, es que muchas veces cuando las personas acceden a un crédito hipotecario y "adquieren" una propiedad, tienen restricciones por parte de la financiera para poner en renta el inmueble. Y suponiendo que lo hagan, no todos los meses se tienen inquilinos, por lo regular hay periodos de desocupación, porque no siempre se renta de inmediato, pueden pasar meses en volver a ocupar, eso en el mejor de los casos.*

Paradójicamente, muchas personas ya no utilizan el crédito para uso de una casa propia, sino para rentar ya que usan los bienes raíces como un generador de ingresos. Aunque lo que en realidad están haciendo es pagar altas tasas de interés que en pocos casos se pueden solventar con lo generado por el flujo de ingresos del cobro de las rentas, y eso, si es que logran ocupación en todo momento. En los peores casos, la gran mayoría, con las rentas no cubren lo que pagan de interés más el valor de la casa.

Las financieras por supuesto estarán felices, ya que, de acuerdo con cálculos realizados, un crédito de aproximadamente 90,000 dólares, con una tasa de 11% y un plazo de 15 años, pagará sólo de intereses alrededor de 100,000 dólares. Es decir, los intereses superan al valor de la propiedad, eso sin contar el seguro de vida obligatorio, seguro de daños, comisión por administración y otros.

— *Jesús, pero sí existe un enorme potencial en los bienes raíces, ¿qué pueden hacer las personas para beneficiarse, sin necesidad de solicitar estos créditos donde pagan muchos intereses?*

— *¡Qué buena pregunta Tiburcio! Es cierto, la mayoría de las personas no dispone de capital inmediato para pagar una propiedad de 100,000 o 200,000 dólares en un pago de contado. Sin embargo, existe un excelente medio de acceder a estas inversiones por medio de Fideicomisos Inmobiliarios en Bienes Raíces (FIBRA´s) que administran grandes propiedades de diversos sectores de la economía donde puedes ser socio y así acceder al cobro de rentas.*

— *¿Y qué es un Fideicomiso Inmobiliario, Jesús?*

— *Es un contrato legal donde se designa a un administrador de bienes para beneficio de un grupo de personas, en donde este tiene como gran responsabilidad proteger y manejar los bienes de acuerdo con todo lo que diga el contrato.*

— *¿Cómo funciona exactamente, Jesús? ¡Debe de ser carísimo! Yo estoy buscando algo que sea accesible para no verme en la necesidad de solicitar créditos.*

— *Todo lo contrario, Tiburcio, todo esto te lo explico a continuación.*

Hay que mencionar que, de manera general, los montos para invertir en Bienes Raíces son inaccesibles para algunos inversionistas. Además de que la inversión puede estar detenida, sin avance o simplemente los retornos de dinero son inciertos porque no te ofrecen información financiera que te garantice que lo que te dicen esté reflejado en números.

Pareciera que sólo se puede empezar a invertir con grandes sumas de dinero, por lo cual quiero decirte que uno de los grandes atractivos que tiene invertir en las FIBRAS y que me encanta es que, en algunas puedes ser socio desde 1 dólar y en otras FIBRA´s un poco más, 2 o 3 dólares. Recuerda siempre, **lo importante es comenzar**; una vez iniciando, te será más fácil seguir invirtiendo. Esto se puede lograr por medio de Fideicomisos de Inversión en Bienes Raíces (FIBRAS) o en Estados Unidos los llaman Real State Investment Trust (REITS)

Uno de mis alumnos me compartió que siempre había querido ingresar a los bienes raíces, además de pagar muchos cursos para poder comprar estos, se dio cuenta que juntar el dinero tardaría además de que el veía experiencias de personas que con un solo documento faltante o mal elaborado, podría costarle años en tener una propiedad parada, desde mi entrenamiento **"Blinda tu Dinero®"** pudo acceder al sector inmobiliario inmediatamente, en varias partes del país, en distintos giros, y lo mejor de todo es que el cobra mes a mes, lo cual lo sigue motivando a hacer su portafolio cada vez más grande; esto lo logró porque a los títulos de las acciones no se les llama así, se les conoce como CBFI´s (Certificados Bursátiles Fiduciarios Inmobiliarios) y te hacen dueño de una parte proporcional de las propiedades que tiene la FIBRA´s y en lo personal me fascina invertir en ellas porque se tiene acceso no sólo a cobrar rentas de un solo giro sino que a cobrar de inmuebles comerciales, hoteles, viviendas, instalaciones para la industria, terrenos agrícolas, y te evitas la tarea de comprar toda la propiedad, además no te complicas en administrarla, lo cual representa grandes ventajas porque ya lo hace un experto.

Es decir, lo maravilloso de este sector es que encuentras FIBRA ´s especializadas, lo cual te generará retornos de inversión más grandes que en inversiones inmobiliarias convencionales, ya que su negocio está en administrar, y operar inmuebles de gran escala. Además, te proporcionan información financiera que te ayudará a tomar decisiones de en cuál o cuáles FIBRA´s invertirás.

Lo que siempre me ha gustado de la Bolsa de Valores es que las empresas que compro siempre me proporcionan la información que yo necesito antes de comprar y en el caso de estos Fideicomisos, no solamente me proporcionan esta, sino que la mayoría ya viene previamente analizada, proporcionándome datos financieros que me hacen lograr excelentes retornos de inversión.

Otro punto que me gusta de este sector es que para poder constituirse como FIBRA está estrictamente regulado, lo cual te da certidumbre de dónde invertirás. Por ejemplo, en la regulación mexicana se deben cumplir varios puntos, los más importantes:

1. El 70% de sus activos tiene que ser en inmuebles destinados exclusivamente al arrendamiento, lo cual garantiza al inversionista buenos retornos de su inversión.
2. Deben distribuir al menos el 95% de las ganancias que reportan al fisco, por lo menos una vez al año, aunque la mayoría lo hace de forma trimestral y algunas de manera mensual, lo cual me encanta.
3. Las propiedades no deben ser vendidas mínimo por 4 años desde la adquisición o término de construcción.

Recomiendo comprar FIBRAS en las que sus propiedades ya estén listas para rentarse, se debe tener cuidado porque algunas FIBRAS están en etapa de desarrollo y búsqueda de propiedades, así puede ser que por un tiempo no veas flujo de dinero hacia tu inversión. De manera personal, lo que me atrae es empezar a recibir flujo de efectivo de manera inmediata y constante.

Quiero compartirte las ventajas de hacer inversiones en FIBRA´s:

- Tienes la oportunidad de ser socio de grandes proyectos y todo a tu alcance con posibilidad de gran crecimiento.
- No necesitas experiencia en administración de bienes inmuebles, ya que la FIBRA tiene su administrador profesional y su equipo de trabajo.

- Tienes acceso a distintos sectores como el comercial, hotelero, casa-habitación o el que se encuentra en total expansión en México, el industrial.
- Puedes invertir en distintos puntos del país, sobre todo en aquellos en expansión y con más crecimiento en proyectos inmobiliarios.
- Tienes liquidez inmediata, es decir puedes comprar y vender de manera inmediata a diferencia del sector inmobiliario tradicional en donde incluso para vender a veces puede tomar años.
- Si llegas a vender tus FIBRA´s con ganancia, este está liberado de impuestos como beneficio fiscal.

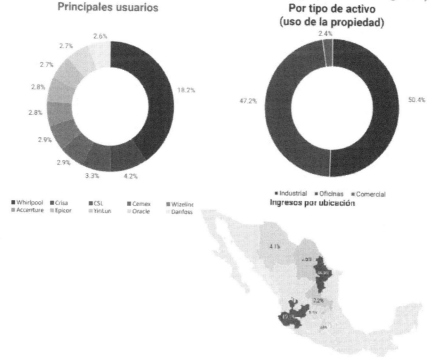

FIBRA Monterrey Reporte 2022 Página 14, ejemplo de la gran diversificación de rentas por giros (industrial, oficinas, comercial) así como distribución en varios puntos de México.

 — *Jesús, veo que un gran beneficio que tienen estas inversiones es que hay mucha diversificación, además de empezar a tener retornos de manera inmediata.*

— *Exacto, Tiburcio. Por eso me gustan estas inversiones, por los retornos de dinero de manera casi inmediata, además de que te doy un tip, Tiburcio, con el dinero que me pagan las FIBRA´s lo que hago es que compro más FIBRA´s, lo*

que me asegura que el valor de mis inversiones crezca con el interés compuesto.

— Genial, Jesús, ya quiero comenzar.

— Claro, Tiburcio, un momento más, veremos cómo analizar las empresas. Además, en mi entrenamiento **"Blinda tu Dinero®"** te doy unas métricas adicionales para que selecciones las mejores FIBRA´s

CRIPTOMONEDAS

"Las criptomonedas y la tecnología blockchain están revolucionando las finanzas y la forma en que hacemos negocios" Bill Gates.

A lo largo de la historia y a medida que avanza la tecnología, siempre se han generado nuevos paradigmas y nuevas formas de intercambio de valores. La idea se ha mantenido en hacer más fácil las transacciones en el mundo.

A grandes rasgos, empezó intercambiando metales preciosos, posteriormente y como una manera de hacerlo más fácil se crearon los billetes; su valor radicaba en la fortaleza de la economía del gobierno que los emitía, para después dar paso a las tarjetas de crédito y los cheques. Siempre que se cambian las formas de manejar las cosas como hemos estado acostumbrados, se genera una resistencia, es inherente al ser humano, y esta resistencia también se ha dado en las criptomonedas, que es la creación más reciente de valores de intercambio. El mundo cada vez está utilizando más estos activos.

Las criptomonedas utilizan una tecnología llamada Blockchain, la cual es un registro tecnológico seguro que se conoce como una cadena de bloques. En otras palabras, es como un libro de contabilidad digital donde todas las transacciones que tiene las criptomonedas, conllevan un registro, sólo que ese registro en lugar de guardarse en una sola computadora, se guarda en muchas, eso formará un bloque, y más transacciones formarán más bloques en forma de cadena que no podrá ser alterada. Su valor radica en su utilidad para llevar a cabo transacciones de forma más dinámica y cada vez más personas e instituciones están adoptando esta forma de comercio.

Surgió como una forma de descentralizar las monedas de curso legal y las operaciones financieras de las grandes instituciones financieras y los gobiernos, aunque sí hay que mencionar que precisamente dichas instituciones y gobiernos se han hecho de una gran cantidad de estos activos, como es el caso de El Salvador que en 2021 la adoptó como moneda de curso legal. En México, tiene el reconocimiento como "activo virtual" en las leyes, sin embargo, no las incluye aún en su sistema financiero, aunque reconoce a las Entidades No Financieras Digitales como Exchanges. Así, tenemos a varios exchanges, el más sobresaliente actualmente en México es Bitso; es importante señalar que tiene un procesador de pagos electrónicos llamada NVIO que tiene autorización de la Comisión Nacional Bancaria y de Valores en México.

Según el portal web Statista, las 3 criptomonedas con mayor volumen en el mundo son Tether, Bitcoin y Ethereum, lo cual ese dato es importante, ya que a mayor volumen de negociación de estos valores, pueden adquirir mayor valor.

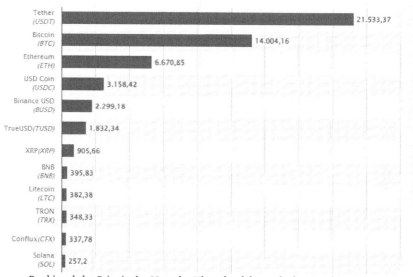

Ranking de las Principales Monedas Virtuales del mundo de acuerdo a su volumen de negociación a mayo 2023 (cifras en millones de dólares)

En el caso de adquirir criptomonedas en nuestro portafolio de inversión, deberemos seguir unas sencillas reglas que fueron dadas a conocer por el economista y Premio Nobel —Harry Markowitz— y nos ayudarán a maximizar nuestras ganancias.

Cabe resaltar que en una inversión de criptomonedas no hay análisis fundamental, tal y como el que se hace en las compañías, de hecho, inversionistas como Warren Buffett simplemente no invierte en criptoactivos por considerarlos de alto riesgo. De manera personal, en mi portafolio de inversión se encuentra una parte muy pequeña de estos activos, dado el potencial que puede tener a largo plazo y la incursión que se ha venido dando en mucho sectores de la economía.

PLUSVALÍA Y MINUSVALÍA

"A mayor riesgo es igual a mayor rendimiento, en contraparte, a menor riesgo, menor rendimiento" Benjamin Graham

Hace tiempo, me contactó Edith, una persona que estaba buscando asesoría, me platicó que estaba muy molesta porque llevaba cierto tiempo haciendo inversiones en su Casa de Bolsa, y al acudir con su corredor de Bolsa...

—Espera, Jesús ¿qué es un corredor de bolsa?
—El corredor de bolsa es una persona acreditada ante el gobierno, trabaja para una Casa de Bolsa y actúa como intermediario entre compradores y vendedores en dicha institución. Es quien auxilia a aquellas personas que quieren invertir. Ciertamente deberías saber que es el cliente quien al final autoriza los movimientos que se quieran hacer.

Regresando a contarte sobre qué sucedió con Edith, ella estaba muy molesta con su corredor, ya que según me comentó, él había hecho una inversión muy arriesgada, que ella había aceptado ya que el mismo Corredor le había recomendado que lo hiciera, además consideraba que era una persona muy preparada, ella creía que él sabía perfectamente lo que hacía.

Lo que él hizo fue invertir en un sector inmobiliario de casa habitación que prometía rendir grandes frutos, aparentemente contaba con información que, según él, todos desconocían, lo que hacía que esa inversión fuera muy segura, así que decidió invertir gran parte del patrimonio de Edith.

Hasta allí todo iba supuestamente bien, pero al cabo de unos meses, la tan esperada información que estaba al pendiente por darse a conocer no llegaba. Durante ese tiempo la inversión tenía plusvalía y otras veces minusvalía.

> — *Jesús, ya explicaste anteriormente qué es la minusvalía y plusvalía, ahora, ¿me puedes confirmar si lo entendí bien? Significa que cuando hemos escuchado a alguien decir que "va perdiendo en Bolsa" o "que va ganando", en ese momento, no se puede hablar de pérdidas o ganancias hasta no cerrar la inversión, o dicho en otras palabras, hasta vender sus acciones. Mientras una acción esté activa y esté incrementando su valor, se habla de plusvalía. Por el contrario, cuando una acción está disminuyendo su valor, estamos hablando de una minusvalía. En resumen, si una persona tiene una acción con plusvalía y en ese momento elige venderla, habrá cerrado con ganancia, mientras que, si las acciones de una persona tienen minusvalía y decide vender, habrá cerrado con pérdida. ¿Es así?*
> — *Perfectamente explicado, Tiburcio.*

Regresando nuevamente al caso de Edith, en esas fechas, el sector inmobiliario de casa habitación estaba cayendo poco a poco, sin embargo, la minusvalía ya era considerable, aun así, Edith confió y esperó cierto tiempo más. Al paso de los días, ya muy preocupada por esta situación, acudió al Corredor, quien le insistía en que esto remontaría una vez que se diera a conocer esa información en el mercado. Al cabo de algunos meses, la situación ya fue insostenible, Edith decidió cerrar esa inversión y al retirar su dinero, en ese momento la gran minusvalía se convirtió en una gran pérdida.

De esta situación llegamos a varias conclusiones, que considero medulares para quien invierte.

Primero: que el dinero debe invertirlo uno mismo, esto es esencial, no hay mejor inversionista que quien sabe manejar su propio dinero. Por supuesto, antes debes aprender cómo hacerlo, es sencillo, esto es lo que te enseño en mi entrenamiento **"Blinda tu Dinero®"**. Definitivamente, debes aprender los principios y bases antes de iniciar. Con esto, no estoy diciendo que consultar con un profesional como lo es un Corredor de Bolsa es malo o incorrecto, no, todo lo contrario, sino que es bueno mantener la premisa de que nadie será mejor inversor de tu dinero que TÚ mismo porque lo harás con base en tus propias decisiones y con conocimiento de causa.

Por supuesto que siempre será bueno escuchar y analizar otra opinión. En el caso de Edith, la pérdida que ocasionó el Corredor de Bolsa no le genera ninguna responsabilidad legal o económica derivado de que la pérdida fue ocasionada por condiciones propias del mercado.

Segundo: a Edith nunca le explicaron la gran diferencia entre una inversión y una especulación, eso pudo haber cambiado el rumbo del evento. De este tema te platicaré en el siguiente capítulo.

Tercero: Derivado de que Edith tomó mi entrenamiento **"Blinda tu Dinero®"** aprendió a invertir por su cuenta, ahora la gran diferencia es que Edith sabe hacerlo ella misma, ya no confía su dinero a terceros, sino que ella obtiene ahora poderosos rendimientos. ¡Por fin logró lo que deseaba al multiplicarse su inversión!

INVERSIÓN VS TRADING

"La diferencia entre un inversionista y un especulador es que un especulador compra con la esperanza de vender a un precio mayor en el futuro, mientras que un inversionista compra con la intención de poseer y disfrutar de los flujos de efectivo generados por su inversión."
Warren Buffett

Cuando una persona hace inversiones en compañías, está buscando crecer con éstas para obtener un beneficio económico a largo plazo, ya sea mediante el reparto de las ganancias de la empresa o mediante la plusvalía del valor de su inversión, derivado del crecimiento de la empresa o mejor aún, de ambas formas.

En una inversión, debes conocer los datos fundamentales de la empresa, sus números, sus actividades, sus planes de expansión, su innovación, sus márgenes de ganancia, su crecimiento tangible, si está sobrevaluada o es buena oportunidad de compra, etc. Las inversiones se realizan a mediano y a largo plazo, es decir se puede invertir desde uno o hasta el número de años que convenga para incrementar tu patrimonio con el interés compuesto. Claro que puedes retirar tu dinero cuando lo desees, sin embargo, a mayor plazo mayor rendimiento.

Por otro lado, la especulación, también conocida como trading, consiste en buscar un beneficio a plazo relativamente corto, sobre todo con base en datos técnicos, más que fundamentales.

Es decir, quienes lo realizamos no nos basamos tanto en los datos financieros de las empresas, sino que se hace un análisis con base en los movimientos que el precio ha presentado con anterioridad. Son transacciones que pueden durar unos segundos y se procede a cerrarlas cuando se obtenga la ganancia, sin intención de invertir, sólo buscar un beneficio económico a nuestro favor, no importando si la compañía presenta buenos o malos números. La especulación se considera una actividad de alto riesgo debido a la volatilidad del mercado.

— *Jesús, ¿me puedes explicar, más a detalle, a qué te refieres con volatilidad del mercado?*
— *Buena pregunta, Tiburcio Preguntón, son las oscilaciones que tienen los precios en un corto período de tiempo en el mercado y precisamente hace que los especuladores obtengan grandes rendimientos o grandes pérdidas. De hecho, las grandes instituciones que especulan son quienes provocan mucha volatilidad del precio, además de que cuando hay noticias económicas relevantes, muchos especuladores intervienen y provocan aún más movimiento o volatilidad.*

En el caso que te acabo de platicar, Edith sí buscaba un beneficio económico (como todos). Aunque, realmente lo que ella buscaba era invertir a largo plazo, a ella le gustaba la empresa, quería estar a su lado en su crecimiento. Lamentablemente al desconocer la diferencia entre una especulación y una inversión, no tomó en cuenta todo lo necesario que acabamos de ver, por ello al ver que la empresa en la que invirtió tuvo esa gran minusvalía y que no llegó esa noticia esperada, terminó por retirarse y perder gran parte de su dinero en esa especulación que ella había entendido como una inversión.

— *Jesús, ¿se puede especular e invertir al mismo tiempo en*

una empresa?

— *Sí, Tiburcio, se pueden hacer las dos cosas al mismo tiempo, sólo debes tener tus objetivos de beneficio económico bien definidos y reconocer la diferencia. Además de que debes tener claro que son dos operaciones totalmente distintas. Para ser un trader exitoso y consistente tienes que leer mi libro* **"TIBURÓN TRADER®"** *donde te comparto poderosas estrategias para que tengas ganancias consistentes de manera semanal o mensual en el mercado.*

Una excelente inversión siempre pide "no poner todos los huevos en la misma canasta" es decir, no invertir solamente en una sola compañía, sino colocar nuestro dinero en varias empresas o activos.

— *Jesús, me parece muy importante esto, pero ¿por qué no debo invertir todo mi dinero en una sola compañía?*

— *Me acabas de hacer una pregunta fundamental, Tiburcio. El economista Harry Markowitz estableció un modelo de diversificación. Decía que al invertir en una variedad de activos financieros minimizas el riesgo total de tu cartera. Por ejemplo, Tiburcio, si alguien invirtiera todo su patrimonio en un solo activo, éste podría tener un mal desempeño y ese portafolio tendrá un gran riesgo de pérdida. En cambio, si un inversionista aplica el modelo de Markowitz, es decir, diversifica, puede incluir acciones, ETF´s, bonos del gobierno, FIBRA´s, etc., las posibilidades de crecimiento en el valor de dicho portafolio son muchas.*

Un buen inversionista destinará su dinero en una serie de activos que le permitan el crecimiento de su patrimonio. Por ejemplo, en su portafolio de inversión tendrá algunos ETF´s de sectores económicos o de países, además algunas empresas, previamente analizadas. Esto lo puedes aprender fácilmente en mis entrenamientos y en este libro. Te enseñaré cómo tener la mayoría con plusvalía, aunque ciertamente habrá algunas con minusvalía (las menos), lo cual permitirá crecer tu patrimonio sin presiones de ningún tipo y sin esperar ninguna noticia en especial, sólo con el poder del análisis fundamental que aprenderás y podrás aplicar por ti mismo.

En mi entrenamiento **"Blinda tu Dinero®"** llegan personas a quienes les enseño qué hay que analizar, lo que hay que ver dentro del contexto de las empresas, de los países y de los sectores empresariales, algunos alumnos aprenden más rápido, otros van a su propio ritmo, así todos llegan a conocer lo que se requiere para hacer un buen portafolio de inversión.

— *Espera un segundo, Jesús, has mencionado varias veces la palabra portafolio, explícame más, por favor.*
— *Con todo gusto, portafolio es el total de activos financieros que una persona tiene, y un portafolio sano es cuando un inversionista posee activos diversificados. Por ejemplo; Bonos, acciones, ETF´s de sectores, ETF´s de países, etc., para maximizar el rendimiento y minimizar riesgos.*

Me parece muy importante resaltar que debes establecer un portafolio de inversión diversificado. Por ejemplo, Edith colocó su dinero en una sola empresa, no solamente eso, sino que lo hizo con gran parte de su patrimonio, lo cual tiene demasiado riesgo, sobre todo porque lo que ella hacía como ya comentamos, no era una inversión, era trading.

En la Bolsa hay muchos traders que tienen un gran capital, de hecho, tienen cientos o miles de millones de dólares, y se conocen como "institucionales". Las grandes instituciones como lo son Bancos, Fondos de Pensiones, Aseguradoras, Gestoras de Fondos de Inversión, por mencionar algunos, tienen la capacidad económica de mover los precios del mercado fuertemente, y ellos al tener capital designado para trading, necesitan liquidez, es decir, necesitan mucho dinero y harán todo lo posible por ganarlo, ya que es su trabajo de tiempo completo, ellos deben incrementarlo ganando dinero de otros traders ya sean pequeños o medianos que fue justo lo que a Edith le sucedió.

Recuerda que en este párrafo estamos hablando de trading, no de inversión. Es por ello, que las personas que lo hagan, para obtener excelentes rendimientos deben estar bien preparadas antes de comenzar a hacerlo. En mi libro **TIBURÓN TRADER**® aprenderás poderosas estrategias para generar un flujo de ingresos semanales.

Por último, tienes que saber que habrá mucha información financiera, algunos le llaman información privilegiada, la cual está prohibida en Bolsa, no es que no exista, por supuesto que sí existe. Mucho se rumora que las inician los mismos especuladores para su propio beneficio (no es de extrañarse), ellos son quienes sacan provecho de esto.

La única información que le debe ayudar a un inversionista acerca de las especulaciones que hagan los "institucionales", es analizar la información fundamental que es lo que te voy a enseñar.

— *Jesús, mencionaste que lo que me va a maximizar mi patrimonio es el análisis fundamental, ¿qué necesito para hacerlo correctamente? ¡ya quiero comenzar!*
— *Es fácil, Tiburcio, sólo aplica un poco de matemáticas.*

¿QUÉ TAL UN POCO DE MATEMÁTICAS?

"En las finanzas, las matemáticas simples pueden ser más poderosas que modelos complejos" Warren Buffett

Una vez elegida una empresa (ya sea porque nos agrada, porque la conocemos o porque nos sentimos identificados), tenemos que analizarla a profundidad, revisar si tiene todos los elementos para valorar que tenga gran potencial de expansión a futuro, por supuesto que esto lo tendrán que confirmar los números. En los reportes de la gerencia, siempre nos informan si las ventas aumentaron o disminuyeron, es un buen dato, solo que es una referencia aislada, también nos informan en porcentaje qué tanto fue ese aumento o disminución y nos dan la explicación del por qué sucedió. Aun con todo esto, hay que ir más allá.

Cuando una empresa vende más, está empezando con un buen dato, ahora imagina que efectivamente tuvo mayores ventas, pero terminó gastando más. Indiscutiblemente, tenemos que saber cuáles fueron las razones. Por ejemplo, porque no tuvo una buena administración, sus costos se elevaron, o tal vez se endeudó y terminó pagando más intereses. Por el contrario, hay empresas que tienen gastos en innovación y desarrollo que en la mayoría de los casos los llevará a tener crecimiento. Afortunadamente todo eso podemos saberlo mediante la información financiera que nos proporcionan las empresas.

Hay un programa en la televisión muy bueno llamado Shark Tank, espero hayas tenido oportunidad de verlo, si no, te platico un poco; allí se presentan emprendedores con un negocio, normalmente innovador o disruptivo, quienes buscan aportaciones o financiamiento de inversionistas experimentados a quienes llaman "Tiburones".

La pregunta recurrente que estos "Tiburones" le hacen a los emprendedores es: ¿cuál es el margen de ganancias de su negocio? muchos empresarios conocen bien sus números y responden acertadamente. Otros, tal vez por nerviosismo no responden bien o peor aún no conocen sus cifras. ¿y qué crees que sucede? Hasta ahí se acabó su sueño de conseguir como potenciales inversionistas a los Tiburones para sus proyectos, por desconocer esa información tan valiosa.

Antes de invertir, hay que conocer bien los números de las empresas. Un negocio te puede parecer atractivo, tal vez la empresa esté en expansión o inclusive tenga lo necesario para un potencial crecimiento, pero si no se conocen los números y además éstos no reportan ese crecimiento, por muy irresistible que parezca, no se debe comenzar a invertir.

Hay una serie de datos financieros para saber si una empresa va creciendo, o por el contrario, si va en picada. Uno de los más relevantes es el **margen de ganancia**, en términos sencillos, representa el dinero que la empresa se va a quedar por cada dólar de ingresos menos todos sus gastos.

Por ejemplo, la compañía reporta ventas por un millón, menos todos los costos que implican para fabricar su producto, menos lo que pagó de administración, menos lo que pagó de intereses a bancos, si a eso le restamos lo que pagó de impuestos, y al final la empresa se queda con 400 mil, por ejemplo, entonces le queda el 40%, ese precisamente es el **Margen Neto de Ganancia**. Lo que debes hacer con este dato es comparar con otras empresas.

Dicen que las comparaciones no son buenas, pero cuando se trata de compañías, es una excelente práctica, porque te va a permitir escoger lo mejor de lo mejor, para ello debes comparar empresas del mismo giro. Evidentemente, los márgenes de ganancia variarán de una compañía a otra, sobre todo por el giro comercial donde se desempeñen.

Por ejemplo, las cadenas de tiendas de supermercados tienen márgenes entre el 3% y 5% de ganancia, es decir, por cada 100 dólares que venden se quedan entre 3 y 5 dólares. Otro ejemplo son los aeropuertos, en su mayoría tienen márgenes entre el 25% y 45%, dicho en otras palabras, por cada 100 dólares que ingresan, se quedan entre 25 y 45 dólares, ¡un verdadero negocio! ¡y tú puedes ser partícipe de ello!

Ahora bien, no sería acertado comparar aeropuertos contra cadenas de tiendas, lo que sería correcto es que si vamos a analizar una cadena de tiendas la comparemos con su competencia, que serían otras cadenas de tiendas y de allí partir para comparar sus datos financieros. En este caso, comparar los márgenes de ganancia para poder tomar mejores decisiones.

Los números nos dan información que debemos aprender a interpretar para que realmente sean útiles. Por ejemplo, tal vez una empresa vendió más, aunque no necesariamente por ello tenga mejores márgenes. Los buenos márgenes, entre otros datos, nos ayudarán a elegir la mejor compañía que tenga posibilidad de expansión.

Te comentaba anteriormente que para ser un inversionista exitoso, no hace falta ser un gran matemático como nos lo han hecho creer en las películas y los comentarios de algunas personas. Afortunadamente existen métodos muy sencillos, entre ellos las fórmulas financieras o llamadas también razones financieras, las cuales son muy sencillas, solo hay que seguirlas como receta de cocina. Éstas te ayudarán a "ver por dentro" una empresa, de una manera objetiva, lo único que hay que hacer es saber interpretarlas, porque dependiendo del resultado nos pueden indicar por ejemplo si la empresa esta financieramente sana, si está creciendo, si va rumbo a la quiebra, en pocas palabras si todo marcha de maravilla o no.

Puedes amar a una empresa porque probablemente te identificas con su marca, o está presente en tu día a día, o simplemente porque está de moda. Independientemente de todo esto, los números te van a dar muchísima tranquilidad y certidumbre, porque cuando baje el precio de la acción, (y va a suceder, lo cual es normal) tú tendrás la confianza de que tarde o temprano deberá subir su valor, derivado de la información que previamente analizaste.

Fíjate, primero te enamoraste de la empresa y ahora que la conoces bien, te convencieron los números, eso es una combinación ideal, ya que te permitirá localizar las mejores compañías e invertir en ellas, inclusive, antes de que se expandan en su totalidad.

Ten en cuenta que lo primero que buscas es expansión, ya que es la manera de que una empresa crezca en valor, que aumenten sus ingresos y que de esta manera aumenten sus ganancias. Esto se reflejará en el crecimiento del valor de la compañía y por lo tanto de tu inversión.

Para ello, las fórmulas financieras nos proporcionarán lo que llamamos **Márgenes**. Un margen es sacar una diferencia entre dos datos expresado siempre en porcentaje.

Te daré un ejemplo muy sencillo, imagina que Juan tiene una casa que vale 100,000 dólares y la quiere vender, como es muy buen negociante, logra vendérsela a un interesado en 110,000 dólares, así tuvo una ganancia sobre el valor de mercado de 10,000 dólares, ¿cierto? Ahora, si queremos sacar el margen entre el valor de mercado y el valor al que logró venderla, contamos con dos variables que se necesitan para obtener ese dato, el cual es del 10% de ganancia.

Los márgenes nos ayudan mucho para comparar, porque si Juan logró vender esa casa y tuvo una ganancia de 10,000 dólares, para algunas personas esa cantidad puede ser "mucho" y para otras "poco". Entonces, ¿cómo saber si es mucho o poco? si Juan nos menciona que fue "mucho" realmente no nos está diciendo nada, pero ¿qué tal si nos dice que tuvo un margen de sobreprecio del 10%?, ahora tendremos una idea más objetiva, inclusive esto nos permitirá comparar con las ventas de otras casas no importando si son de mayor o menor valuación, esa gran función tiene el margen, permitir la comparación objetiva.

Considera que siempre buscamos comparar, es lo que uno normalmente hace cuando se va de compras. Funciona igual cuando adquieres acciones.

Antes de entrar a las razones financieras, recuerda que una de las ventajas que tienen las empresas que cotizan en la Bolsa de Valores es que tienen la obligación de proporcionar información de manera trimestral y anual, entre ellos su planes de expansión, los riesgos que la empresa puede correr en un determinado momento, su crecimiento si es que lo tuvo o no, si tuvieron alguna complicación, dar detalle de caídas en las ventas, o crecimiento en las ganancias, explicar si tienen alguna patente o estrategia que probablemente catapultará a la empresa o si algún plan no funcionó, cuántas acciones tiene en circulación la empresa, si tiene sucursales, si éstas aumentaron o no, si están en desarrollo de una nueva marca o de un nuevo producto. En resumen, las empresas proporcionan todo este tipo de información. Evidentemente, resguardan información confidencial y que algún tercero podría darle mal uso, por ejemplo, la fórmula de determinado producto.

Para analizar a una empresa ocuparemos principalmente tres estados financieros, de allí obtenemos sus números; nosotros profundizaremos en esto con un poco de matemáticas para comprender más de las empresas y de allí encontrar grandes oportunidades.

— *Jesús, cada vez entiendo más, pero ¿me puedes explicar qué*

son esos estados financieros?

— *Con mucho gusto Tiburcio, te daré detalle a continuación. Te adelanto que esta información la proporcionan las mismas compañías y que le sirven a socios o potenciales socios, para tomar decisiones y estar informados de todo lo que acontece dentro de la empresa.*

— *¡Qué interesante, Jesús! ¡Ya quiero ver de qué tratan!*

LAS EMPRESAS TE LO CUENTAN TODO.

"Los informes financieros son como las radiografías donde te enteras de todo" Jesús Palacios

Existen 3 principales estados financieros, los cuales son:

- El Estado de Resultados o Estado de Pérdidas y Ganancias
- El Estado de Posición Financiera
- El Estado de Flujo de Efectivo

Estos tres Estados Financieros reflejan los movimientos que tuvieron las empresas. Aunque déjame decirte que esta información es aislada, es decir, le aplicas la fórmula sencilla correspondiente, inclusive la vas a interpretar a la perfección, pero no te va a decir mucho, a menos que empieces a comparar, ¿qué podrías comparar? vas a comparar por ejemplo un año con otro, una empresa de cierto ramo con otra; así la información que obtengas dejará de ser aislada, te va a proporcionar la situación financiera de la compañía, así vas a poder sacar tus propias conclusiones respecto a las empresas en las cuales buscas invertir, además confirmarás la inversión o la descartarás y con ello tal vez seguirás buscando otra compañía que sea más atractiva financieramente.

Lo mejor de todo esto es que la información es pública, está disponible en las páginas de internet de cada una de las empresas que cotizan en la Bolsa de Valores para todos aquellos interesados que quieran consultarla. Además, otra de las grandes ventajas es que están vigiladas y auditadas por órganos supervisores internos y externos encargados de elaborar y confirmar que la información sea veraz y correcta.

— *Jesús, ¿Cómo puedo encontrar la información financiera de las compañías?*

— *Sí, Tiburcio, puedes ir directamente a la página de la Bolsa Mexicana de Valores a empresas listadas o usar el buscador de Google. Por ejemplo, puedes buscar: "Bimbo> Relación con Inversionistas" ahí aparecerá el enlace para ir directo a la página (https://www.grupobimbo.com/inversionistas).*

— *¿Y en las empresas de Estados Unidos?*

— *Es más fácil para buscar todas las empresas listadas en Estados Unidos; en la página de la SEC* (U.S. Securities Exchange Commission)

Página de la Bolsa Mexicana de Valores (BMV) donde se pueden consultar las empresas que cotizan en México https://www.bmv.com.mx/es/empresas-listadas

Página de la Securitiesy Exchange Commission (SEC) donde se pueden consultar empresas que cotizan en Estados Unidos

En México están los Reportes Financieros y los Informes Financieros anuales y trimestrales, en los Reportes Financieros las empresas tienen la obligación de entregarlo a la Comisión Nacional Bancaria y de Valores y en los Informes Financieros es más ilustrativo sobre la información de la Empresas donde encontrarás detalle para analizar, además muchas razones financieras ya vienen elaboradas y te darán una visión general del rumbo de la compañía. Por otro lado en las compañías listadas en Estados Unidos tienen muchos formatos de información de la compañía que están obligados de informar a la SEC (Securities Exchange Commission), los más destacados son el Reporte Anual mejor conocidos como 10-K, los trimestrales 10-Q y el Formato 8-K acerca informar acerca de eventos relevantes de interés a los accionistas.

EL ESTADO DE RESULTADOS O ESTADO DE PÉRDIDAS Y GANANCIAS

Se llama así, porque en concreto te dice si la empresa durante determinado periodo ya sea anual o trimestral, obtuvo ganancias o si llegó a tener pérdidas.

Afortunadamente, como comentamos, los informes financieros se elaboran bajo normas internacionales previamente establecidas, lo cual le permite a cada empresa elaborarlos de manera uniforme. Así, para ti como inversor será más fácil aplicar sencillas fórmulas en dichos informes y sabrás el resultado de cada una de ellas, recuerda, la práctica hace al maestro.

El principal objetivo de una empresa lucrativa es vender, las ventas son lo que le dan vida a un negocio, por ello hablamos de la gran relevancia que tiene hacer comparaciones en tu análisis. Las compañías en sus informes siempre te van a decir su crecimiento en términos numéricos, y a nosotros nos interesa más hacerlo en términos porcentuales.

RAZONES FINANCIERAS

Como recomendación, en el mundo de las finanzas, acostúmbrate a sacarle porcentaje a todo. En este caso, puede ser porcentaje de crecimiento de ventas o de disminución de las ventas. Para ello te presento la siguiente fórmula:

CRECIMIENTO DE VENTAS

CV= (Ventas Periodo Presente/ Ventas Periodo Anterior)-1x100= Porcentaje de Crecimiento o Porcentaje de Disminución de Ventas

Por ejemplo, la empresa de tecnología Apple Inc. en 2021 obtuvo ingresos por 365,817 millones y en 2022 incrementó a 394,328 millones, recuerda que te comenté que muchas veces los números son fríos o aislados, ya que si te digo que Apple Inc. aumentó ventas por 28,511 millones de dólares te parecerá un buen dato, pero no te dice mucho, así que cuando lo pones en porcentaje brindan mayores datos. Si aplicas la fórmula de Crecimiento en Ventas, verás que Apple Inc. aumento sus ventas en 7%, esa información te permitirá compararlo con otras empresas de tecnología y dimensionar de manera correcta los crecimientos.

Apple Inc.

ESTADOS DE OPERACIONES CONSOLIDADOS
(En millones, excepto número de acciones que se reflejan en miles y cantidades por acción)

		Años terminados		
	24 de septiembre de 2022		25 de septiembre de 2021	26 de septiembre de 2020
Las ventas netas:				
Productos	ps	316,199	ps 297,392	ps 220,747
Servicios		78,129	68,425	53,768
Ventas netas totales		394,328	365,817	274,515

Formula 10-K Ejercicio 2022 Estado de Resultados Apple Inc. Página 29 Crecimiento de Ventas

Evidentemente, vas a iniciar comparando el periodo presente con el periodo anterior de la misma empresa. Aunque ¿sabes que te daría más información y te hablaría verdaderamente de la expansión de la empresa? comparar cuatro o cinco periodos anteriores. De esta forma, podrás corroborar que el crecimiento sea constante.

Es normal que las empresas en alguna etapa lleguen a tener periodos donde las ventas probablemente no fueron las mejores, entonces el consejo de administración deberá dar una explicación y externar las razones de por qué ocurrió dicha situación. Así podemos tomar decisiones, ya que sabremos si es una situación pasajera o saber si existe el riesgo de convertirse en permanente.

Como ya lo he dicho anteriormente, las ventas o los ingresos son la vida de las compañías, por ello deben estar en constante crecimiento. Y para realizar ventas, tienen que efectuar todo tipo de gastos, los cuales se clasifican en dos grandes grupos, los relacionados con la venta y los relacionados con la administración.

Los Gastos de Venta son todas aquellas erogaciones que se realizaron para generar la venta o ingreso. Para darte mayor claridad, pensemos en una empresa que se dedica a la elaboración de pan, por ejemplo; Grupo Bimbo, quien para ello efectúa varios procesos. Un ejemplo de Gastos de Venta puede ser el costo de publicidad o marketing. En cuanto a Gastos Operativos un ejemplo puede ser mantenimiento y reparaciones de maquinaria.

— *Uy, Jesús, esto está empezando a sonar complicado.*
— *No te preocupes, los informes ya vienen clasificados, no tienes que buscar uno por uno, sólo vas al Estado de Resultados a buscar donde diga "Gastos de Venta" o "Costos" y "Gastos operativos" o "Gastos"*
— *¡Ah! Me estaba preocupando por anticipado, así sí se ve más fácil, ¡gracias!*

En fin, todos estos gastos son para la administración de la empresa y le toca a ésta clasificarlas, ya sea para el rubro de Gastos de Venta o para el rubro de Gastos de Operación, al final, de cualquier manera, es gasto y todo el dinero se tomará de los ingresos, por eso es por lo que se va restando:

Utilidad Bruta	Utilidad Operativa
Ingresos	Ingresos
(-) Gastos de Venta	(-) Gastos de Venta
(=) **Utilidad Bruta**	(=) **Utilidad Bruta**
	(-) Gastos Operativos
	(=) **Utilidad Operativa**

Las siguientes razones financieras, son el porcentaje que representan los gastos respecto del ingreso, y la información que nos arroja, nos sirve para saber cuánto gasta en términos porcentuales, lo que a su vez nos permitirá comparar con otras compañías del mismo giro o sector. Además, nos ayudará a saber qué área gasta más (producción, ventas, administración).

Al comparar compañías básicamente te dice quién vende más y quién gestiona mejor sus gastos con lo que tienen. Hay muchas compañías que para optimizar sus procesos o expandirse, invierten en tecnología o elaboran nuevos procesos o nuevas líneas de producción, todo ello buscando ser más eficientes, ya sea para vender más o para generar menores gastos, para ello nos valemos de estas razones financieras de márgenes como dato relevante.

MARGEN BRUTO

MB= (Utilidad Bruta/ Ingresos) x 100

Nos sirve para saber qué porcentaje de las ventas le queda a la empresa después de haber incurrido en sus gastos de venta.

MARGEN OPERATIVO

MO= (Utilidad Operativa/ Ingresos) x 100

Es el porcentaje de las ventas después de haber incurrido en sus gastos de venta y administrativos.

Te voy a poner un ejemplo, probablemente seas usuario de la red social de la empresa Facebook, actualmente llamada Meta Platforms Inc. y para muchos una de las mejores redes sociales.

Actualmente está desarrollando una nueva línea de negocio, el Metaverso, que tiene dos características muy importantes; primero, es de los pioneros, ya que está emprendiendo en algo que es totalmente innovador para los usuarios, lo que lo convierte en algo muy riesgoso. No lo digo yo, lo dice su propio consejo de administración en su informe anual, y segundo, al ser nueva tecnología, claramente está gastando en innovación y desarrollo.

Dicho de otra manera, incluso si sus ventas se mantienen o aumentan, sus ganancias son menores, derivado de todos los gastos millonarios que implica poner en marcha el nuevo proyecto de metaverso.

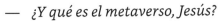

— *¿Y qué es el metaverso, Jesús?*
— *Es un mundo virtual en tu computadora por medio de un personaje, un avatar. En este mundo virtual puedes hacer muchas cosas como proyectos, comprar y vender cosas virtuales, es como un mundo en línea en donde puedes hacer cosas similares a las que haces en el mundo real, solo que de forma digital.*
— *¡Qué interesante!*

Por el momento, no ha logrado traducirse en mayores ingresos, al contrario, esos enormes gastos se han reflejado en sacrificar sus márgenes brutos.

Muchos inversionistas percibieron esta situación, lo cual generó una gran caída en el valor de la acción de dicha empresa. Esto sucedió porque dichos inversores al ver una disminución en los márgenes de ganancia empezaron a vender.

Por el contrario, cuando hay demanda de una compañía, es decir que todos la quieren, empiezan a comprar y el precio sube. Dicho lo anterior, los números de Meta Platforms Inc. cayeron y el valor de su acción por consecuencia. El valor de la acción, en septiembre de 2021 era de 380 USD, y para noviembre de 2022, llegó a niveles de 87 USD, es decir una caída de casi el 80% desde su máximo precio.

Ahora bien ¿esto significa que la empresa no logrará reponerse? ¿su precio retornará a los niveles en los que estuvo antes de que incurriera en este tipo de gastos?

— *Jesús, ¿el precio de la acción cae y después se retiran los accionistas?, o ¿se retiran los accionistas y por eso el precio cae?*
— *Buena pregunta Tiburcio, en realidad, cuando hay desconfianza respecto a una empresa con relación a su capacidad de generar ganancias (porque sus gastos son excesivos o mal ejecutados), muchos inversionistas se retiran, ahí el precio cae. Esto puede generar un efecto de bola de nieve en donde muchos inversionistas al ver que cae el precio también se retiran.*
— *¡Con razón cayó mucho!*
— *Sin embargo, estimado Tiburcio, un buen inversionista siempre tomará sus decisiones con base en sus propios análisis y no por lo que los demás le recomienden.*

Lo que tiene que lograr Meta Platforms   Inc, son dos cosas importantes que he mencionado; primero, expansión y crecimiento, es decir, este tipo de desarrollos tendrá que traducirse indiscutiblemente en ingresos de manera rápida; y segundo, lograr poner en marcha con éxito el metaverso, o rectificar el rumbo de su estrategia comercial. De lograrlo, como te darás cuenta, sus ingresos se incrementarán, además también lo harán sus márgenes de ganancia, dos de los indicadores importantes para que la empresa pueda despegar y así incrementar de nuevo el valor de su compañía.

Ahora bien, vamos a continuar con otro gasto muy importante, que prácticamente todas las compañías tienen, me refiero a los financiamientos, los cuales son solicitados a una entidad financiera o en la mayoría de los casos al público en general y lo hacen para proyectos que aumentarán su operativa, liquidar compromisos económicos contraídos, adquirir tecnología o para diversos proyectos; ello repercute en pagar intereses, y estos, al ser un gasto extra, se van a reflejar en el estado de resultados dando lugar a la utilidad antes de calcular impuestos. Por lo tanto, el estado de resultados se va constituyendo de esta forma:

Ingresos
(-) Gastos de Venta
(=) Utilidad Bruta
(-) Gastos Operativos
(=) Utilidad Operativa
(-) Gastos Netos Financieros
(=) **Utilidad antes de Impuestos**

Estos gastos los efectúan la mayoría de las empresas. Así pues, si existiera algún monto o cifra significativa dentro de alguno de estos, el Consejo de Administración, nos va a dar la justificación o explicación de por qué se incurrió en dicho gasto. Recuerda, la compañía está obligada a ser totalmente transparente; una vez que ya tenemos la Utilidad antes de Impuestos y estos se pagan,

obtenemos finalmente la Utilidad Neta, es decir la ganancia que
será repartida a los accionistas de la compañía.

     Ingresos
(-) Gastos de Venta
(=) Utilidad Bruta
(-) Gastos Operativos
(=) Utilidad Operativa
(-) Gastos Netos Financieros
(=) Utilidad antes de Impuestos
(-) Impuestos
(=) Utilidad Neta

CRECIMIENTO DE PORCENTAJE DE UTILIDAD NETA

C%UN= (Utilidad Neta Periodo/ Utilidad Neta Periodo Anterior) -1 x 100

Al final de todos los gastos del Estado de Resultados obtenemos la Utilidad Neta, que es el dinero disponible que tienen las empresas después de haber efectuado todos los gastos, mismo que puede ser repartido entre todos los accionistas de la compañía. Esta fórmula nos sirve para saber si la empresa realmente está creciendo y expandiéndose, ¿y cómo se hace? ¡sencillo! compara tu Utilidad Neta del periodo presente con la Utilidad Neta del Periodo anterior, esto te dará la realidad; a qué ritmo está creciendo, también deberás comparar con respecto a otros periodos para ver si su crecimiento se ha mantenido en el tiempo, además puedes medirlo con respecto a otras empresas del mismo giro para ver cuál es la mejor. Por ejemplo Apple Inc. para obtener el crecimiento porcentual de 2021 con respecto a 2020 es (94,680 mill/57, 411 mill) - 1 x 100= 64.91% y ahora para obtener el crecimiento de 2022 con respecto a 2021 (99,803 mill/94,680 mill) -1 x 100= 5.41% por lo que el año 2021 fue espectacular para Apple Inc, sin embargo para 2022 si hubo crecimiento pero no tan acelerado, lo cual si queremos saber si es normal, es convenniente analizar dos o tres años hacia atrás.

Apple Inc.

ESTADOS DE OPERACIONES CONSOLIDADOS
(En millones, excepto número de acciones que se reflejan en miles y cantidades por acción)

	Años terminados		
	24 de septiembre de 2022	25 de septiembre de 2021	26 de septiembre de 2020
Ingresos de explotación	119.437	106.949	66.288
Otros ingresos/(gastos), neto	(334)	258	803
Utilidad antes de provisiones para impuestos sobre la renta	119.103	109.207	67.091
Provisión para impuestos sobre la renta	19.300	14.527	9.680
Ingresos netos	ps 99.803	ps 94.680	ps 57.411

Utilidades Netas del Estado de Resultados Apple Inc del ejercicio 2022 página 29

— *A ver, espera de nuevo, Jesús. Si en una empresa las ganancias crecen de un año en comparación a otro, a mí como Inversionista, ¿cómo me puede beneficiar?*

— *Tiburcio Preguntón, acabas de hacer una pregunta que marca la diferencia entre un inversionista promedio a un gran Inversionista. Una excelente empresa es aquella que por lo menos en los últimos 5 años tenga un crecimiento en ganancias netas de 8% como mínimo.*

— *Si no cumple este requisito. Jesús, ¿es mala empresa y debo alejarme?*

— *No precisamente, Tiburcio. Sin embargo, una empresa con la característica que te acabo de mencionar habla de una buena expansión a mediano y largo plazo.*

Ya hemos hablado mucho de buscar la expansión y crecimiento de las empresas, recordemos que una buena medida para encontrar estos elementos empieza primero con la observación. Tengamos presente también que son dos factores determinantes para que el valor de tu inversión se multiplique en términos exponenciales. Siempre considera que debemos comparar las utilidades netas y obtener los márgenes de crecimiento.

Al hacer nuestras inversiones, tenemos que ser objetivos con los números, es decir, que estos nos confirmen las características que te acabo de mencionar, no actuar sólo con el corazón.

En ese sentido tenemos la siguiente fórmula, que nos servirá para obtener los márgenes. Independientemente de los ingresos o gastos que tengan las compañías, este dato siempre nos dará una medida de comparación y así decidirnos por las mejores empresas en que queremos invertir.

MARGEN NETO DE UTILIDAD
O GANANCIAS

Una de las razones financieras más importantes es el Margen Neto de Ganancia, se explica mediante la siguiente fórmula:

MNG=Utilidad Neta para Accionistas/Ingresos x 100

Te platicaba anteriormente del programa Shark Tank, cuando a los tiburones les interesa un negocio, ellos les preguntan a sus potenciales socios: "¿Cuál es el margen de ganancia de la empresa?" y es tan importante porque esto te dirá si la compañía es rentable o no. Con ello, todos los interesados en invertir pueden saber en pocas palabras si la empresa es un verdadero negocio o va a ser un dolor de cabeza, por eso los tiburones y los inversionistas potenciales siempre preguntan esto. De hecho, también les sirve a los que ya tienen calidad de accionistas para tomar decisiones de incrementar su participación en la compañía, incluso para considerar vender.

En capítulos anteriores hablamos de que las empresas proporcionan los Estados Financieros de forma anual y trimestral, ahora sabes que en los informes anuales debes comparar un año con otro. Cabe destacar que en 2 trimestres no se aprecian cambios. Lo que te serviría más, es comparar el trimestre presente con el mismo trimestre pero del año anterior, allí sí podrás hacer un análisis y notar si fueron afectadas las utilidades, si pusieron en práctica estrategias para aumentar los márgenes de ganancia, en fin, muchos datos que te van a ayudar a escoger las mejores empresas para invertir.

Grupo Comercial Chedraui, S. A. B. de C. V. y Subsidiarias

Estados consolidados de resultados y otros resultados integrales
Por los años que terminaron el 31 de diciembre de 2022 y 2021
(En miles de pesos)

	Notas	2022	2021
Ingresos:			
Ventas netas		$ 259,325,570	$ 188,486,814
Costo de ventas		200,025,921	146,534,618
Utilidad bruta		59,299,649	41,952,196
Impuestos a la utilidad	31	1,469,028	1,073,108
Utilidad consolidada del año		$ 3,480,497	$ 2,674,442
Participación controladora		$ 3,420,248	$ 2,589,117
Participación no controladora	26	60,249	85,325
Utilidad consolidada del año		$ 6,175,741	$ 3,480,497

Estado de Resultados Chedraui reporte anual 2022 página 131 obteniendo un márgen neto de 2.4%

CHDRAUI

	Períodos Concluidos al 31 de diciembre de		
	2020	2021	2022
	(millones de pesos, excepto porcentajes, razones y Otra Información Operativa)		
Relaciones de Crecimiento y Rentabilidad:			
Crecimiento de ingresos netos	13.0%	28.8%	37.6%
Margen Bruto	22.1%	22.3%	22.9%
Margen de UAFIDA	7.4%	7.4%	8.3%
Crecimiento de UAFIDA	18.2%	29.7%	53.2%
Margen de ingresos operativos	4.7%	4.6%	5.3%
Margen de ingresos netos	1.8%	1.8%	2.4%

Reporte Anual Chedraui 2022 página 11. Las empresas proporcionan información financiera previamente calculada para toma de decisiones.

EL BALANCE GENERAL O ESTADO DE POSICIÓN FINANCIERA

Este es otro informe financiero que te indica la salud financiera de las empresas, como su nombre lo indica, es un balance de lo que le pertenece a la compañía contra los adeudos que tiene.

Es indispensable y además muy sencillo entender qué nos va a decir el balance general.

Activo = Pasivo + Capital

Primeramente, empezaré a describirte los tres elementos que lo integran, los cuales son: Activo, Pasivo y Capital.

Cuando nos referimos a los Activos en una empresa, es todo aquello que ésta tiene en su poder y lo usa para sus fines comerciales. Un ejemplo puede ser el dinero en efectivo, un edificio, la mercancía, los insumos con los que una compañía fabrica sus productos.

En cuanto a los Pasivos, es todo aquello que la empresa le debe a un tercero. Dicho de otra forma, son sus deudas. Por ejemplo, una empresa puede tener dinero en sus cuentas bancarias, pero observemos que es posible que ese recurso sea derivado de un préstamo bancario o que debe dinero por la emisión de títulos de deuda que utiliza para comprar más Activos para seguir en el óptimo desempeño de sus actividades.

— *Espera, Jesús ¿qué es un título de deuda? ¿y por qué es un*

pasito para las compañías?

— *Un título de deuda en este caso es un instrumento financiero y es un préstamo que las empresas o gobiernos adquieren, en el cual se comprometen a pagar cantidades específicas de dinero, en fechas determinadas, denominados intereses, además del pago del principal.*

— *Muy bien, Jesús, ¿y de quién adquieren ese préstamo?*

— *Lo obtienen de los inversionistas por medio de la Bolsa de Valores a través de las Casas de Bolsa.*

Y por último, el Capital es el más sencillo, hace un momento te di un ejemplo de una empresa que tiene dinero en sus cuentas bancarias, insumos para la fabricación de sus productos, unidades de transporte, pues bien, ahora sabes que todo esto representan Activos para ella, si continuamos con el ejemplo, si todo lo que tiene y usa se lo debe al banco o a sus proveedores, es decir, no es dueña de estos activos porque todo lo que tiene se lo debe a algún tercero, entonces de Capital no tiene absolutamente nada...

— *¿Se podría decir entonces que el Capital es su patrimonio?*

— *¡Exacto, Tiburcio! ¡Vas muy bien!*

Ahora, vamos a suponer que tiene una deuda por la cantidad de 100,000 dólares ¿qué pasaría si la empresa al generar ventas empieza a pagar a sus proveedores y al banco? Pasaría que sus pasivos (deudas) disminuirán por dicha cantidad, al liquidarla. Ahora los bienes ya le pertenecen y en consecuencia su capital será de 100,000 dólares.

En resumen, esto fue lo que sucedió: la empresa disminuyó su deuda, su capital aumentó y su activo no se movió, sigue allí, sólo que la empresa ya es dueña de los activos en una cantidad de

100,000 USD porque eso fue lo que efectivamente pagó.

— *Jesús, dame un ejemplo con más detalle, por favor.*
— *Muy bien, Tiburcio, continuamos.*

Vamos a trasladar este ejemplo en el día a día de una persona. Supongamos que una persona a quien llamaremos Karla, piensa comprar una casa con un valor de 150,000 dólares y al no contar con fondos suficientes, decide pedir un préstamo bancario (por cierto, no lo sugiero porque te explicaba que el gran negocio de los bancos, son los intereses, es sólo por cuestiones de ejemplo) entonces, el banco le otorga un financiamiento para la compra de la casa. En números se vería de la siguiente manera:

Activo	Pasivo
150,000	150,000
	Capital
	0

Lo cual se interpreta de la siguiente manera: Karla tomó posesión de una casa por un valor de 150,000, y como le debe esa cantidad al banco, en realidad no tiene nada propio.

Después de la firma del contrato, realiza tres pagos anuales de 50,000 dólares cada uno. Observa que solo se mueven las cifras de Pasivo y de Capital, la cifra en Activo se queda estática, porque solo sigue teniendo esa propiedad.

Año 1

Activo	Pasivo
150,000	100,000
	Capital
	50,000

Año 2

Activo 150,000	Pasivo 50,000
	Capital 100,000

Año 3

Activo 150,000	Pasivo 0
	Capital 150,000

Aquí la explicación: Karla, al pagar toda la casa, ahora posee un Capital de 150,000, ya es su patrimonio. La cifra del Activo se mantuvo (para ejemplos prácticos, digamos que nunca cambió de valor y es por eso por lo que esa cifra permanece igual) por otra parte, el Pasivo (la deuda) iba disminuyendo conforme Karla iba pagando. Así es como funcionan los balances de las empresas. Con más datos, pero en esencia funcionan igual.

Una vez que se comprendió esto, podremos analizar si una empresa es sana financieramente, ya que igual que el ejemplo de Karla, quien año con año iba aumentando su patrimonio, era evidente que pagaba sus deudas, que podía bien con ello, o que no adquirió más compromisos financieros, por lo mismo fue puntual, y ahora puede decir que ese activo (la casa), le pertenece oficialmente por haberla liquidado.

De igual manera, sucede con los informes del Balance General que nos proporciona una empresa, con datos tan sencillos estaremos listos para tomar decisiones.

Continuando con el ejemplo de Karla, en el año 4 decide adquirir un auto a crédito con valor de 100,000 USD, al adquirirlo su balance general ahora va de la siguiente manera:

Año 4

Activo	Pasivo
250,000	100,000
	Capital
	150,000

Decide liquidarlo en dos pagos anuales, entonces el año 5 y el año 6 el balance se muestra de la siguiente forma:

Año 5

Activo	Pasivo
250,000	50,000
	Capital
	200,000

Año 6

Activo	Pasivo
250,000	0
	Capital
	250,000

Observa cómo siempre el Balance General está equilibrado, es decir, del lado del Activo siempre tendrá lo mismo que el pasivo más el Capital.

Y para el Balance General también hay fórmulas muy sencillas, que como ya sabes, siempre deberás comparar para saber si un año fue mejor o no, y son las siguientes:

—Hasta aquí todo bien, Jesús, ¿Y si compro acciones de un banco? Entonces así sí me conviene que la gente compre a crédito, ¿no?
—Excelente, Tiburcio, me enorgullece lo que has aprendido.

Ahora que ya comprendimos cómo se mueve un Balance General, nos podemos dar cuenta de que la generación de Capital trae consigo salud financiera y riqueza.

Genomma Lab Internacional, S. A. B. de C. V. y Subsidiarias
Estados consolidados de posición financiera
Al 31 de diciembre de 2022, 2021
(En miles de pesos)

Activos	Notas	31 de diciembre 2022	31 de diciembre 2021	Pasivos y capital contable	Notas	31 de diciembre 2022	31 de diciembre 2021
Activo circulante:				**Pasivo circulante:**			
Efectivo, equivalentes de efectivo y efectivo restringido	6	$ 1,503,871	$ 1,264,832	Préstamos bursátiles, bancarios y porción circulante de la deuda a largo plazo	13	$ 4,826,146	$ 2,072,309
Cuentas por cobrar y otras cuentas por cobrar – Neto	7	6,709,365	7,051,559	Cuentas por pagar a proveedores		1,790,380	1,439,640
Cuentas por cobrar a partes relacionadas	18	54,798	148,353	Cuentas por pagar a partes relacionadas	18	1,233	761
Inventarios – Neto	8	2,397,039	2,094,787	Otras cuentas por pagar y pasivos acumulados	12	2,415,204	2,569,841
Pagos anticipados		647,171	961,526	Impuesto sobre la renta		281,350	438,568
Total de activo circulante		11,312,244	11,521,057	Pasivos por arrendamientos a corto plazo		25,351	32,818
				Participación de los trabajadores en las utilidades		16,779	17,204
				Total de pasivo circulante		9,356,443	6,571,141
Activo a largo plazo:				**Pasivo a largo plazo:**			
Inmuebles, propiedades y equipo – Neto	9	3,546,846	3,317,346	Préstamos bursátiles, bancarios y deuda a largo plazo	13	1,551,515	3,832,033
				Dividendos por pagar	17	30,581	408,244
				Acreedores diversos		35,769	37,902
Inversión en asociadas	11	787,752	765,000	Beneficios a los empleados al retiro	14	48,727	42,998
Activos por derecho de uso		45,775	48,772	Pasivos por arrendamiento a largo plazo		38,262	23,717
				Impuestos a la utilidad diferidos	20	392,733	554,699
				Total de pasivo a largo plazo		2,097,587	4,899,593
Impuestos a la utilidad diferidos	20	593,930	500,762	**Total de pasivos**		11,454,030	11,470,734
				Capital contable:			
				Capital social		1,912,967	1,912,967
Activos intangibles – Neto	10	5,151,083	5,369,138	Prima en recolocación de acciones		39,749	39,749
				Recompra de acciones		(1,700,675)	(1,166,018)
				Pagos basados en acciones		(76,950)	(87,821)
				Utilidades acumuladas		10,045,828	9,418,955
Otros activos – Neto		165,900	220,885	Efecto de conversión de operaciones extranjeras		(70,757)	(47,944)
Total de activo a largo plazo		10,294,286	10,021,903	Ganancia en activos financieros a valor razonable		2,338	2,338
				Total de capital contable	17	10,152,500	10,072,226
Total de activos		$ 21,606,530	$ 21,542,960	**Total de pasivos y capital contable**		$ 21,606,530	$ 21,542,960

Genomma Lab Internacional Reporte Anual 2022 Estado de Posición Financiera Página 189
Activo = Pasivo+Capital

En este momento vamos a ver unas razones financieras que nos van a ayudar a ver si las compañías son saludables financieramente hablando, para que la empresa pueda crecer aceleradamente.

ÍNDICE DE LIQUIDEZ CIRCULANTE

ILC = Activo Circulante/Pasivo Circulante

Cuando en el Balance General se habla de Activo Circulante, se refiere a recursos disponibles que son convertibles a efectivo en menos de 1 año o pasivos exigibles a menos de 1 año.

Dicho en otras palabras, esta razón financiera nos indica si la compañía tiene la capacidad de cumplir con sus pasivos que son exigibles a menos de 1 año, pagando solamente con sus activos, que son de rápida conversión a efectivo (Activos Circulantes). Si el resultado obtenido en esta fórmula es mayor a 1, indica una buena capacidad de pago de sus obligaciones del corto plazo, de ser menor a 1, representaría problemas de solvencia y que no es sana financieramente hablando.

— *Jesús, has mencionado "financieramente sano" ¿a qué te refieres?*
— *Me refiero a que las compañías deben tener la capacidad de solventar sus deudas, de no ser así, entonces tendrían complicaciones para llevar a cabo sus operaciones. Por eso, estas razones financieras nos pueden dar el panorama acerca de si las empresas tienen problemas financieros, o, por el contrario, sus operaciones podrán continuar perfectamente bien.*

Entre mayor sea el resultado será mejor, lo ideal siempre debe ser mayor a 1, y si es 1.50 es un dato óptimo. Veamos un ejemplo, Apple Inc., una empresa de tecnología de Estados

Unidos, en su Balance General del año 2019 manifestó Activos Circulantes por la cantidad de 162,819 millones de dólares (es decir, todo lo convertible a efectivo en menos de un año) entre dinero, inventarios y otros activos. Además, manifestó 105,718 millones de dólares, por deudas a bancos y proveedores que le exigían el pago de la deuda a menos de un año.

Si retomamos la fórmula del Índice de Liquidez Circulante, el resultado nos da 1.54, lo cual nos indica que Apple Inc. podría pagar perfectamente y hasta le sobraría. Hablando financieramente, es sana, en el período que se está examinando.

Apple Inc.

BALANCE CONSOLIDADO
(En millones, excepto número de acciones que se reflejan en miles y valor nominal)

		28 de septiembre de 2019
Activos circulantes:		
Efectivo y equivalentes de efectivo	ps	48.844
Valores negociables		51.713
Cuentas por cobrar, netas		22.926
Inventarios		4.106
Cuentas por cobrar no comerciales de proveedores		22.878
Otros activos circulantes		12.352
Total de activos corrientes		162,819
Pasivo circulante:		
Cuentas por pagar	ps	46.236
Otros pasivos corrientes		37.720
Ingresos diferidos		5.522
Papel comercial		5.980
Deuda a plazo		10.260
Total pasivos corrientes		105.718

Balance General Apple Inc 2019 Formulario 10-K página 31

Y por supuesto debemos analizar las demás fórmulas que vamos a ver para el Balance General en conjunto.

Por lo pronto, podemos concluir que, si a esta compañía le exigieran de inmediato el pago de la deuda o en una contingencia, la empresa podría pagarlo fácilmente.

ÍNDICE DE SOLVENCIA

IS= Activo Total/Pasivo Total

Este es uno de los datos más importantes del Balance General, su fórmula nos sirve para comprobar si la empresa es solvente, es decir, si con todos los recursos disponibles (Activos) que tiene, podría pagar todas las deudas (Pasivos), el valor mayor a 1, indicará dicha solvencia; por el contrario, si es menor a 1 no deberás invertir, por el simple hecho de que con todo lo que tiene la compañía, no alcanzaría para liquidar todas las deudas que ha contraído.

Por ejemplo, en México hay una empresa farmacéutica llamada Farmacias Benavides y sus números durante el período 2020 indican lo siguiente:

- Recursos o Activos totales 7,843 millones MXN
- Deuda o pasivos 7,882 millones MXN

¿Qué nos reflejan estas cifras? Que todos los pasivos de la farmacéutica no podrían ser pagados con todos los recursos con los que cuenta. Es decir, al aplicarle el Índice de Solvencia, IS= 7,843 mill / 7,882 mill , el resultado es de 0.9950, como es menor a 1 se interpreta que está en una quiebra técnica.

Farmacias Benavides, S. A. B. de C. V. y Subsidiarias

Estados consolidados de posición financiera

Al 31 de diciembre de 2020
(En miles de pesos)

Activo	Nota	2020
Activo circulante:		
Efectivo y equivalentes de efectivo	5	$ 405,483
Clientes y otras cuentas por cobrar, neto	6	199,944
Activos clasificados como mantenidos para la venta	7	208,160
Inventarios	8	2,430,741
Impuestos por recuperar	9	453,542
Partes relacionadas	13	3,583
Impuestos a la utilidad por recuperar		11,646
Total activo circulante		3,713,099
Activo no circulante:		
Propiedades y equipo, neto	10	1,081,392
Intangibles, neto	12	68,431
Derechos de uso por activos en arrendamiento	11	2,479,608
Impuestos a la utilidad diferidos	16	427,599
Otros activos		73,249
Total activo no circulante		4,130,279
Total activo		$7,843,378
Pasivo		
Pasivo a corto plazo:		
Documento por pagar	4	$ 345,066
Proveedores		2,391,034
Otras cuentas por pagar y pasivos acumulados	14	579,318
Pasivo por activos en arrendamiento	11	573,853
Partes relacionadas	13	1,436,892
Total pasivo a corto plazo		5,326,163
Pasivo a largo plazo:		
Proveedores		140,461
Partes relacionadas	13	203,145
Pasivo por activos en arrendamiento	11	1,987,483
Beneficios a los empleados	15	225,556
Total pasivo		7,882,808

Estado de Posición Financiera 2022 Reporte Anual página 78 Análisis de Solvencia

— *Jesús, ¿qué pasa cuando una compañía está en quiebra técnica?*
— *Como las deudas superan a los recursos con los*

que cuenta la empresa, la lleva a enfrentarse a dificultades financieras para cumplir con sus obligaciones de pago contraídas.

— *Si llega un momento en que la empresa tiene tantas dificultades para pagar ¿qué pasa? ¿cierra o qué es lo que debe hacer?*

— *No siempre, Tiburcio, en algunos casos la compañía puede reestructurarse, se reorganiza y sale de la situación, puede ser que lo haga renegociando una deuda previamente adquirida, reduce costos, o vende activos que no le son necesarios.*

— *Tengo una duda, Jesús, ¿si esto que hace la empresa resulta insuficiente? ¿qué pasará con ella?*

— *Tiburcio, ¡qué buena pregunta!, entonces se declara en bancarrota, que es un proceso judicial, para pagar a los acreedores, mediante la liquidación de todos sus activos. Los que prestaron dinero a la empresa tienen prioridad para recibir su pago, y los accionistas en último lugar. No es muy común que suceda, pero debes estar prevenido.*

— *Ahora veo, Jesús, cuando dices que en las empresas que sus deudas superan sus recursos no se debe invertir.*

— *¡Excelente apreciación, Tiburcio!,*

¿Por qué no es conveniente hacer inversiones cuando los números de una empresa nos arrojan un dato menor a 1? Porque buscamos que una empresa tenga expansión y crecimiento ¿y qué esperaríamos que sucediera? Esperaríamos, por ejemplo, que coloque más sucursales, o tenga innovación en productos o haga crecer la plantilla de trabajadores para mejorar la atención al cliente. Sin embargo, si la compañía tiene grandes deudas, lo que muy posiblemente pasará es que, sus ingresos los utilizará para pagar las deudas, no para expandirse.

— *Jesús, para que las empresas no caigan en quiebra técnica ¿qué es lo que pueden hacer?*

— *Qué bueno que preguntas, Tiburcio, lo veremos a continuación.*

ÍNDICE DE ENDEUDAMIENTO (APALANCAMIENTO FINANCIERO)

IE= (Pasivo Financiero/ Capital Contable) x 100

Hablando de que las empresas puedan pagar sus deudas, es importante que éstas tengan claro un límite de hasta cuánto pueden endeudarse. Propiamente, las deudas no son malas, al contrario, un financiamiento puede servir para llevar a cabo proyectos en distintas fases de su actividad. Es útil para una infinidad de proyectos, y se dice que la compañía se está apalancando.

Por lo cual, esta fórmula nos ayudará a saber si una empresa está muy por encima de un endeudamiento sano. Es de suma importancia resaltar que este dato, se aplicas solo a las deudas financieras. Pero ¿por qué solo con deudas contraídas con entidades financieras? ¡Porque generan intereses! Bien sabemos que si no se pagan a tiempo, pueden generar una deuda considerable y a veces impagable.

No hay límite específico para el Índice de Endeudamiento ya que puede variar según el giro, el tamaño u otros factores. Aunque, un máximo de 80% indicaría que la empresa se encuentra en un nivel límite para seguir su operativa perfectamente. Es muy importante tomar en cuenta que un Índice de Endeudamiento mayor a 1 indicaría que la compañía tendría más deuda que recursos propios, lo cual se traduce en un riesgo financiero considerable. La compañía estaría corriendo el riesgo de que, si existe un pago de intereses muy grande, se le dificultará crecer por estar pagando deuda. Un ejemplo es Walmart Inc. que para el ejercicio 2022 que concluyó en enero 2023 sus Pasivos Financieros ascienden a un monto de 58,551 millones de dólares y el total de Capital Contable asciende a un monto de 83,754 millones de dólares por lo que su Índice de Endeudamiento IE= (58,551 / 83,754) x 100= 69%, esto significa que para una empresa como Walmart Inc., su deuda está controlada y las deudas financieras no representan un monto que afecte a la compañía ya que se encuentra menor a 80% de límite de deuda.

Walmart Inc.

Balances Consolidados

(Cantidades en millones)		Al 31 de enero, 2023		2022
Pasivo circulante:				
préstamos de corto plazo	ps	372	ps	410
Cuentas por pagar		53.742		55.261
Obligaciones acumuladas		31.126		26.060
Impuestos sobre la renta acumulados		727		851
Deuda a largo plazo con vencimiento en un año		4.191		2.803
Obligaciones de arrendamiento operativo con vencimiento dentro de un año		1.473		1.483
Obligaciones de arrendamiento financiero con vencimiento dentro de un año		567		511
Total pasivos corrientes		92.198		87.379
Deuda a largo plazo		34.649		34.864
Obligaciones de arrendamiento operativo a largo plazo		12.828		13.009
Obligaciones de arrendamiento financiero a largo plazo		4.843		4.243
Impuestos sobre la renta diferidos y otros		14.688		13.474
compromisos y contingencias				
Interés no controlador rescatable		237		—
Equidad:				
acciones comunes		269		276
Capital superior al valor nominal		4.969		4.839
Ganancias retenidas		83.135		86.904
Otra pérdida integral acumulada		(11.680)		(8.766)
Patrimonio total de los accionistas de Walmart		76.693		83.253
Interes no controlado		7.061		8.638
Equidad total		83.754		91.891

Balance General Walmart Ejercicio 2022 Forma 10.K que finalizó el 31 de enero de 2023 página 56 Índice de Endeudamiento en 69%

Índice de Cobertura de Efectivo

ICE= (Efectivo en la Empresa/ Capital Contable) X 100

El Índice de Cobertura de Efectivo es un medidor indispensable para evaluar la liquidez con la que cuenta una compañía. Nos dice cuánto efectivo tiene disponible la empresa con respecto al capital que posee.

Por ejemplo, Fomento Económico Mexicano (FEMSA) al 31 de diciembre de 2022 cuenta con un Capita Total de 337,801 millones de pesos y con un Efectivo Disponible de 83,439 millones de pesos, lo que nos está indicando es que el índice de Cobertura de efectivo es de 30%

ICE= (83,439/337,801) x 100 = 25%

FOMENTO ECONÓMICO MEXICANO, S.A.B. DE C.V. Y SUBSIDIARIAS
MONTERREY, N.L., MÉXICO
Estados Consolidados de Situación Financiera
Al 31 de diciembre de 2022 y 2021.
Cifras expresadas en millones de dólares americanos ($) y millones de pesos mexicanos (Ps.).

	Nota	2022 (1)		2022		2021
ACTIVO						
ACTIVO CIRCULANTE						
Efectivo y equivalentes de efectivo	5	$	4,280	Ps.	83,439	Ps.	97,407
Inversiones	6		3		51		24,415
Clientes, neto	7		2,335		45,527		33,898
Inventarios	8		3,192		62,224		50,896
Impuestos por recuperar	25		993		19,361		18,091
Otros activos financieros circulantes	9		583		11,369		2,480
Otros activos circulantes	9		230		4,478		3,531
Total activo circulante			11,616		226,449		230,718
CAPITAL CONTABLE						
Participación controladora:						
Capital social			172		3,347		3,348
Prima en suscripción de acciones			909		17,714		17,862
Utilidades retenidas			12,884		251,192		238,306
Otras partidas acumuladas de la utilidad integral			(494)		(9,649)		3,085
Total participación controladora			13,471		262,604		262,601
Participación no controladora en subsidiarias consolidadas	22		3,857		75,197		72,516
TOTAL CAPITAL CONTABLE			17,328		337,801		335,117
TOTAL PASIVOS Y CAPITAL CONTABLE		$	40,973	Ps.	798,815	Ps.	737,500

Estado de Posición Financiera FEMSA 2022 Reporte Anual página
201 Índice de Cobertura de Efectivo al 25%

Muchos investigadores y analistas coinciden que un límite de 40% de Índice de Cobertura de Efectivo es buena señal de salud financiera en la compañía, ya que tiene suficiente efectivo para pagar sus deudas en el corto plazo además de sus obligaciones financieras. Es muy importante recordar que todos los índices deben ser analizados de acuerdo con el contexto del ramo de la compañía.

Dicho de otra manera, el término cobertura, significa cubrir con el efectivo disponible las deudas de exigibilidad inmediata, sin embargo, cuando excede ese 40% también podría indicar problemas de expansión de la compañía.

> — *Jesús, el efectivo es indispensable en una compañía, y si se tiene, cubre perfectamente las deudas inmediatas. Entonces, quiero preguntarte ¿Por qué hay un límite del índice de cobertura? y sobre todo ¿por qué si se excede del límite indicaría problemas de expansión? Yo creería que entre más efectivo tenga la empresa con respecto a su capital significaría que es muy saludable financieramente.*
>
> — *Tiburcio, estarás de acuerdo que el efectivo es para pagar deudas en el corto plazo, una vez cubierta esta parte, el excedente es mejor si se invierte para desarrollar productos, o para aumentar sucursales, y no para almacenar el excedente en la cuenta de la empresa y justo es lo que hace FEMSA con sus planes de expansión. Porque si tiene en efectivo más del 40% del patrimonio de la empresa, significa dos cosas, o hay mala gestión del capital porque están desaprovechando un maravilloso recurso para ponerlo a trabajar en crecimiento, o simplemente, ya no tienen para dónde crecer, ya no hay proyectos, ya no hay metas en crecimiento que requieran el recurso valioso del efectivo.*

Recuerda que hemos hablado acerca de lo atractivas que son, financieramente hablando, las empresas que están en una etapa de expansión. No es casualidad que los recursos con que cuentan los utilicen para este fin y con ello crecer exponencialmente. Por otro lado, pudieras pensar que para la empresa es bueno tener el efectivo a razón de más del 40% del valor del patrimonio y poder colocarlo en alguna institución financiera para recibir pago de intereses, ya hemos hablado de que los intereses que pagan los bancos son casi nulos.

Por otra parte, una empresa que está en etapa de expansión, le conviene mucho más invertirlo para crecer, ¿por qué aceptaría recibir intereses si su verdadero negocio está en crecer su compañía?

En conclusión, a una empresa que excede el límite de 40% de Índice de Cobertura de Efectivo debemos analizarla con más razones financieras para cerciorarnos si colocaremos nuestro dinero en ella, porque nos interesa más que nuestra inversión crezca de valor con el paso del tiempo.

En otras palabras, las empresas en proceso de crecimiento tenderán a retener las utilidades netas y no repartir dividendo a los socios.

— *Jesús, tengo entendido que cuando una compañía genera ganancias, éstas se reparten a los socios, entonces ¿las compañías pueden retener el dividendo y no repartirlo? y ¿por qué lo harían?*
— *El objetivo principal de toda empresa es generar ganancias. Una de las formas principales para lograrlo es posicionarse en el mercado, esto se logra creciendo y una de las formas más potente de hacerlo es con el dinero que genera la compañía, es decir, en lugar de que ésta reparta los dividendos generados, los utilizará para financiar proyectos de crecimiento, y por supuesto los accionistas estarán felices porque su inversión crecerá.*

Por ejemplo, en México hay una farmacéutica llamada Farmacias Guadalajara (FRAGUA) en donde año con año ha mostrado un crecimiento acelerado, cada vez abren más sucursales, tienen cada vez más activos y sus ventas han crecido año con año, además tienen un porcentaje de efectivo con respecto al valor de la empresa de un 25%. Por un lado, sigue aumentando sucursales y canales de distribución a un ritmo acelerado y, por otro lado, distribuye parte de las ganancias (no todas) en forma de dividendos, mientras que la otra parte de ganancias las reinvierte para seguir expandiéndose, además de comprar sus propias acciones.

A. Información Financiera Seleccionada

Concepto	2022	2021	2020	2019
Ventas Netas	97,918	84,794	73,314	61,884
Resultado Bruto	20,898	17,580	14,772	12,422
Utilidad de Operación	7,137	5,928	4,327	3,338
UAFIRDA	7,730	6,281	4,759	3,751
Resultado Neto Mayoritario	3,179	2,622	2,030	1,710
Número de Acciones en Circulación (miles)	97,156	97,396	97,396	97,396
Utilidad por acción (pesos por acción)	30.00	24.81	19.22	16.00
Inversiones en Inmuebles Planta y Equipo	2,308	1,767	1,553	2,027
Depreciación y Amortización	1,415	1,064	879	724
Activo Total	43,494	38,968	34,332	30,048
Pasivo Largo Plazo	2,508	2,519	1,950	2,042
Rotación de Cuentas por Cobrar (días)	13	13	23	25
Plazo Promedio Pago Proveedores (días)	81	79	82	85
Rotación de Inventarios (días)	64	78	75	83
Capital Contable Mayoritario	19,116	17,314	15,793	13,929
Dividendos en Efectivo Decretados por Acción[1] (pesos)	11.30	10.20	9.50	3.10

Información Financiera proporcionada por Farmacias Guadalajara (FRAGUA) en el Reporte Anual 2022 Página 31. Sólo una parte de las ganancias (Utilidad por Acción) se reparte a los accionistas en forma de Dividendo en Efectivo.

— *Jesús, ya comprendo, el dinero que generan las compañías muchas veces lo reinvierten para seguir creciendo, lo cual es muy bueno, pero ¿por qué una compañía compraría sus propias acciones?*

— *Una de las razones principales es para reducir el número de acciones en circulación y con ello dar más valor a los accionistas, ya que el hecho de que circulen menos acciones hará que se coticen mejor. Y para que quede aún más claro, abundaremos en ello más adelante.*

Hasta aquí hemos podido ver la rentabilidad que nos ofrecen las empresas. Ver si tienen equilibrio financiero que les permita crecer, que les permita expandirse, desarrollarse y posicionarse en su respectiva área. Te voy a decir una cosa importante, cuando decidimos invertir en una empresa y una vez que hayamos elegido la adecuada, es importante dejar que se desarrollen.

Es muy conveniente invertir en empresas que vayan incrementando su capital, porque recuerda que el hecho de que crezca significará que están aumentando sus activos y disminuyendo sus deudas.

LA HISTORIA SIEMPRE SE REPITE

"La Bolsa de Valores es una máquina de crecimiento que ha enriquecido a innumerables inversores a lo largo de la historia"
Jhon Bogle

En el mercado en general, hay un dato de suma importancia que tiene que ver con el precio de las acciones de las compañías. Cuando yo comenzaba a invertir, en todo momento sentía que ya había subido mucho el valor y pensaba que tarde o temprano disminuiría el precio. Recuerda que el 95% de los inversionistas **no** hacen un análisis fundamental de las empresas que adquieren, así que, entonces saber hacerlo es una ventaja, además, con las fórmulas que veremos a continuación, sabrás cuando una empresa se encuentra a un precio elevado o, por el contrario, a un buen precio.

— *Jesús, decir si el precio es elevado o no, es algo subjetivo y tiene que ver con la capacidad de compra de cada persona, ¿verdad?*
— *¡Qué bueno que haces la aclaración, Tiburcio! No me refiero a lo accesible que le resulta al inversionista la compra de determinada acción, me refiero a que cuando paga un precio elevado, con respecto a su valor real, se habla de que la acción está **sobrevalorada**. Y si está por debajo de su precio real, entonces está **infravalorada**. Vamos a verlo a continuación.*

He escuchado infinidad de veces a inversionistas decir que están esperando una caída del mercado para encontrar acciones y poder comprarlas a un precio menor. Definitivamente las encontrarán más accesibles, pero no precisamente a un precio justo. Muchas empresas por las fluctuaciones del mercado o por contextos mundiales de crisis económicas experimentan movimientos a la baja en los precios de sus acciones, y, el hecho de que bajen los precios en una compañía no significa siempre una gran oportunidad de compra. Es cierto que el precio será más accesible; por eso tienes que ir más allá y analizar realmente la razón por la que está disminuyendo el valor de una acción en el mercado.

Puede ser que la caída en el precio se deba a un contexto general de mercado, derivado de una crisis, de ser así, es perfectamente normal dicha caída. Además, podemos hacer análisis fundamental con las razones financieras que hemos visto. Si al aplicarlas te encuentras con una empresa sólida financieramente que vaya creciendo en ganancias, entonces probablemente te encuentres ante una gran oportunidad.

Al aplicar estás sencillas fórmulas tendrás mucha claridad para encontrar estas grandes oportunidades del mercado, es decir, "súper ofertas". Antes de eso quiero hacer una analogía. Imagina que el dueño de un auto con valor de 100,000 USD sabe que no le ha dado mantenimiento y que el auto está prácticamente inservible, y te dice que te lo vende en 40,000 USD. Creerías que es una súper oferta, pero en realidad tirarías dicha cantidad a la basura por comprar barato. Aquí te presento las fórmulas.

PRICE TO EARNINGS RATIO (PE)

PE= Precio de la Acción/ Utilidad de la Acción

Nos ayuda a saber si el precio de la acción que se vende en el mercado de valores está infravalorado o sobrevalorada. Aquí tenemos dos datos que necesitamos para obtenerlo, el precio de la acción y la utilidad por acción.Recuerda que el precio de la acción lo puedes obtener en tiempo real en páginas como Google Finanzas o en Yahoo! Finanzas. Por otro lado, la **Utilidad por Acción** es lo que tienen como ganancia repartible los accionistas. Tenemos los datos de la cadena de supermercados SORIANA

Bolsa Mexicana de Valores S.A.B. de C.V.   Grupo BMV

Clave de Cotización: SORIANA   Año: 2022

Anual, 2018-2022

Año	Precio Máximo	Precio Mínimo	Cierre	Volumen
2018	28.87	26.05	27.75	57,902,813
2019	25.50	24.41	25.44	66,625,699
2020	20.25	19.85	20.09	94,800,940
2021	26.01	25.70	25.98	16,375,081
2022	31.32	31.10	31.28	9,164,378

Datos proporcionados en Reporte Anual 2022 Soriana Página 120 Precio de la Acción $31.28

y el segundo dato que ocupamos:

Organización Soriana, S. A. B. de C. V. y Subsidiarias
Estados consolidados de resultados y otros resultados integrales
Por los años terminados el 31 de diciembre de 2022 y 2021
(Cifras en millones de pesos)

	Nota	2022	2021
Resultado integral consolidado atribuible a:			
Participación controladora		5,059	4,295
Participación no controladora		26	18
		$ 5,085	$ 4,313
Utilidad por acción básica (cifras en pesos)	3.q y 18	$ 2.79	$ 2.41

Datos proporcionados en Reporte Anual 2022 Soriana Página 143 Utilidad por Acción $2.79

Entonces PE= Precio de la Acción / Utilidad por Acción=
31.28/2.79= 11.21 y para poder intepretar este dato vamos al
siguiente capítulo.

UTILIDAD POR ACCIÓN

UPA = Utilidad Neta/ No. de acciones en circulación

— *Jesús, comentaste que el Índice PE, nos ayuda a saber si el precio de la acción está infravalorada o sobrevalorada, ¿a qué te refieres con esto?*

— *Buena pregunta, Tiburcio, te daré un ejemplo un poco más práctico. Imagina que compras una casa por 250,000 USD y decides ponerla en renta por 12,000 USD anuales, entonces al cabo de 21 años de rentas obtendrías el valor de tu inversión, porque hasta ese momento habrás recuperado 252,000 dólares. Después decides comprar una segunda casa, y pagas por ella solamente 100,000 USD (menos de la mitad del costo de la primera casa) decides rentarla también, solo que no a todos les encanta. A causa de esto, lo que más te pagan al año son 3,000 USD. El tiempo en que recuperarás el valor de esta segunda casa sería de 33 años, es decir 12 años más que la primera. Llegas a la conclusión que la casa de 250,000 USD aparentemente era más "cara" que la de 100,000 USD, y al final resultó ser mucho más "barata" ya que la renta te permitió recuperar la inversión en menor tiempo, 12 años menos. Aquí el PE en la primera casa de valor de 250,000 USD es de 21 y en la casa de 100,000 USD es de 33. Así sucede con las inversiones en las compañías, hay acciones que aparentemente son más baratas, y en el fondo resultan muy sobrevaloradas.*

El Índice PE (Price to Earnigs Ratio) nos ayuda a ver si una acción es sobrevalorada o infravalorada en función de las utilidades que genera la compañía, con la finalidad de saber si es accesible para quien la compra. El índice PE no es una medida fija, ya que hay variaciones tanto en los precios de la acción, como de las ganancias que genera año con año la compañía.

Por ejemplo, Tesla Inc. en el año 2020 tuvo un Price to Earnings Ratio de 1104; para el siguiente año un PE de 216 y para el año 2022 cerró con PE de 34.03; esto explica por qué las ganancias de Tesla se han incrementado y con ello se hace muy atractiva a los inversionistas. Así pues, el precio que se paga es más razonable ahora que en el año 2020. En resumen, entre más bajo el PE, es mejor. Claro, el análisis se debe hacer en conjunto con las demás razones financieras.

Si invertiste en una empresa que tiene altas ganancias, es una muy buena compra porque tu inversión tiene potencial de crecer. Por otro lado, si invertiste en una empresa que no tiene ganancias, que no crece y no se expande, entonces, lo que pagaste por esa acción no te está redituando en absoluto, vaya que te salió caro. En otras palabras, te vas a encontrar con la empresa "A" que su acción vale 90 dólares, y la empresa "B" que su acción en el mercado esté en 1,000 dólares, a simple vista me podrías decir ¿1,000 dólares?, ya verás más adelante que a veces la empresa "A" de 90 dólares podría ser más cara que la empresa "B" de 1,000 dólares, porque todo dependerá de los retornos que te ofrezca cada una.

— Jesús, me queda claro que una acción resulta cara o barata, es decir, sobrevalorada o infravalorada, en función de las ganancias que obtiene la compañía, así si una acción vale 10 USD y año con año de ganancias me reparte 2 USD, el PE es de 5. Entonces puedo concluir que el tiempo en que recupero el valor de lo que invertí es de 5 años, entonces ¿qué pasa con aquellas compañías que generan ganancias, y no las reparten a los inversionistas porque reinvierten?

— Bien, Tiburcio, el Índice Price to Earnigs Ratio (PE), es

un dato que te sirve para tener referencia del costo real de las acciones de una compañía, más que saber el tiempo de recuperación. En realidad, es un dato que sirve de referencia para saber lo que los inversores están dispuestos a pagar por poseer sus acciones, en este caso están dispuestos a pagar 5 veces las ganancias de la empresa. Además, el que distribuyan las ganancias a los socios o no, es irrelevante para este Índice, ya que se busca comparar las compañías para encontrar las mejores oportunidades, es decir, un índice bajo, podría representar una buena opción de compra.

REPARTIENDO LAS GANANCIAS (DIVIDENDOS)

"El reparto de dividendos no siempre es una garantía de éxito, es importante evaluar la salud general de la empresa" Benjamin Graham

La mayoría de las empresas necesitan muchos recursos para lograr su proceso de desarrollo, y normalmente lo hacen con las ganancias generadas. Esto lo propone su Órgano de Administración y es sujeto a votación por parte de los accionistas, así pues, el dinero de las ganancias no irá al bolsillo de los socios, vía dividendo, aunque en la lógica de un inversionista común, justo esperaría eso, mientras que otros inversionistas buscarán que esas ganancias sean reinvertidas.

Si la empresa muestra resultados favorables debido a que tiene mayores ventas, mayores ganancias, y además es saludable financieramente hablando, será una compañía que muchos inversionistas buscarán comprar. Dado que el mercado se rige por oferta y demanda, entonces el valor de las acciones subirá; por otro lado, si la compañía decide repartir dividendos a los socios en vez de retenerlos y reinvertirlos puede interpretarse que la compañía no tiene planes de expansión y por lo tanto estaría afectando su crecimiento a mediano y largo plazo. Porque al final, la razón de ser de las inversiones es que el patrimonio del inversionista crezca. Pues bien, qué mejor forma de crecer que mediante el dinero de los dividendos no distribuidos, en lugar de que la compañía solicite préstamos que generen gastos financieros, mejor que el dinero de las utilidades se destine a su propio crecimiento.

Es por ello que en los informes financieros puedes conocer con anticipación si hay una política de reinversión de dividendos y si dentro de los motivos o justificación está la expansión, desarrollo y crecimiento de los que hemos hablado, así, tendrás a una empresa con mucho potencial. Y recuerda siempre aplicar todas las razones financieras que te he mostrado.

Tal vez te preguntes si esto significa que no debemos invertir en empresas que distribuyan todos sus dividendos a los socios, bueno, no siempre es así. Te voy a decir algo importante, si la empresa en la que deseas invertir se encuentra en una etapa de expansión y crecimiento acelerado, muy seguramente encontrarás reinversión de sus dividendos. Por el contrario, si se encuentra en una etapa de consolidación y ya tiene una presencia importante en su mercado, ya no buscará crecer más, entonces buscará ahora sí, distribuir el 100% o casi el 100% de sus dividendos. Sí crecerá, por supuesto, pero tal vez no a un ritmo tan acelerado, es por ello que debes analizar bien en dónde invertirás.

Hasta este momento ya hemos hablado de las empresas que generan dividendos y que puedes aplicar el PRICE TO EARNIGS RATIO (PE) (índice de Precio/Utilidad) para saber si tu empresa está infravalorada o sobrevalorada, si es cara o barata, conste que no dije accesible o inaccesible, porque recuerda que nada tiene que ver el precio para tomar una decisión de compra, tiene que ver más bien con el Índice PE entre más alto sea este dato significará que se encuentra sobrevalorada la acción de la compañía. De igual manera, entre más pequeño el índice, más infravalorada resulta y podría interpretarse como una gran oportunidad de compra a precios de descuento increíbles, no sin antes revisar tus demás razones financieras que confirmen o descarten una potencial decisión de inversión.

Es importante comentarte que la mayoría de las compañías, en sus inicios no generan ganancias, las empresas comienzan sus operaciones cotizando en la Bolsa de Valores, y puede pasar que estén gastando mucho en desarrollo e innovación, otras que se encuentren en una etapa de problemas financieros o simplemente que no sea un negocio rentable en algunos casos.

Te voy a poner un ejemplo, en sus inicios y poco después, por el año 2000-2001, la empresa tecnológica Amazon.com Inc. tuvo serios retos económicos, ¿eso la detuvo? ¡por supuesto que no!, después de eso y hasta nuestros días ha crecido más de 25,000%. Es por ello que hay que analizar qué cambios y soluciones propone la administración, así como analizar si solo le está sucediendo a la compañía en la que estás invirtiendo o hay un contexto mundial como le sucedió al sector tecnológico en esos años; entonces te preguntarás ¿cómo saber en cuánto tiempo recuperarás tu inversión?

— *Jesús, ahora veo que el PE es muy importante como medida para determinar si una acción está en sobreprecio, en un precio razonable o infravalorada. Sin embargo, veo que es subjetivo, ¿cuál sería un Índice PE para saber si una acción está infravalorada con base en su rendimiento en dividendos?*

— *Tienes mucha razón, Tiburcio Preguntón, de hecho, si por algún motivo una compañía en un año no genera dividendos, entonces no genera dato de PE. Al notar esto, el economista Robert Shiller desarrolló una solución, para que con ello puedas saber si una acción está en sobreprecio o tienes una gran oportunidad de compra.*

Price to Earnigs Ratio Shiller (PE Shiller)

Un economista llamado Robert Shiller, ganador del Premio Nobel de Economía, desarrolló una fórmula financiera en donde ajusta el PE a un promedio de los últimos 10 años. De esta manera se tiene un PE más objetivo, porque existen empresas que no todos los años generan dividendos. Además de que existe mucha variación de las ganancias generadas con respecto a otro año, lo que deriva en distintos Índices PE a lo largo del tiempo. El PE Shiller toma en cuenta esas variaciones y de esta manera obtenemos un índice promedio que nos da más certeza para tomar una decisión de compra.

Esta base es maravillosa, ya que se resuelve la problemática y la subjetividad de lo que los inversionistas están dispuestos a pagar por cada acción y también así termina la posible incertidumbre de no saber si está comprando infravalorado o sobrevalorado, por falta de dividendos en un año o en varios años.

¿Qué verdadero uso tiene el PE Shiller? Si tienes un PE Shiller de 15 y otro de 25, definitivamente el más barato es el de índice 15, ¿cómo saber si 15 sigue siendo infra o sobrevalorado?, porque podríamos decir, que es una excelente oportunidad con respecto al PER Shiller de 25. Entonces, comparar los índices nos indicará las buenas oportunidades, que ya sabemos que entre más pequeño será mejor. A continuación, veremos cómo nos ayuda el PER Shiller a encontrar fuertes oportunidades de compra en el mercado.

ENCONTRANDO OPORTUNIDADES EN EL MERCADO (PE SHILLER VS PE)

El Índice Price to Earnigs Ratio (PE) es un dato que nos indica lo que los inversionistas están dispuestos a pagar por las ganancias futuras de la empresa y sólo toma en cuenta el dato de un año. Por el contrario, el PE Shiller, cuenta con más elementos para saber lo que los inversionistas están dispuestos a pagar por las ganancias futuras de la empresa, porque toma como base el promedio de las ganancias de los últimos 10 años.

Recuerda comparar las compañías del mismo giro para tener una referencia, si el precio de las acciones de una empresa está elevado con respecto al precio de las de otra empresa, tendremos un índice más confiable.

Un ejemplo es el siguiente:

Aquí aprovecho para señalar algo muy importante, a muchos inversionistas no les gusta el PE Shiller; en parte tienen razón, porque imagina que hay un descenso muy fuerte en el mercado, obviamente los PE que son aplicados por año, van a reflejar que el precio de las acciones de las compañías llegó a un muy buen precio. En cambio, si siempre se utiliza el PE Shiller, al ser un promedio de 10 años, no reflejará esta oportunidad de compra, porque apenas se verá un descenso y no se podrá aprovechar la caída de los precios. Por otro lado, su ventaja al utilizarlo radica en que es más objetivo porque está basado en un largo plazo.

En resumen, si comparamos dos empresas de un mismo sector, quien tenga la combinación del PE y PE Shiller más bajos será la mejor opción para comprar (recuerda una vez más; aplicar las demás razones financieras).

El PE Shiller del Standard & Poor´s 500 que es el índice más representativo a nivel mundial de la situación real del mercado ha sido de 28, y el PE en los últimos años se ha mantenido en 21, esto quiere decir que si se invierte en alguna empresa que esté dentro del Standard & Poor´s 500, si está arriba de 28, definitivamente la inversión se está haciendo a un sobreprecio. Por otro lado, si está por debajo del valor de 28, puede considerarse que está a buen precio, e decir infravalorada y que sería muy bueno hacer un análisis fundamental para considerar en un momento dado la posibilidad de compra.

SI EL MERCADO ESTÁ DE OFERTA, VE DE COMPRAS

"Los inversores inteligentes saben que es en momentos de crisis cuando se encuentran las mejores gangas" Shelby M.C. Davis

Hace tiempo, vi en la televisión un programa cómico, en ese capítulo la familia protagonista se dirige al centro comercial a comprar productos para el uso diario, compran la despensa, y algunas cosas para comer, en eso, el personaje principal ve unas llantas de tractor ¡con el 90% de descuento! Así que decide comprarlas. Su hija trata de hacerlo consciente de que es una compra que no van a necesitar porque simplemente no le darían ningún uso, el padre obviamente defiende su postura diciendo que tenían un descuento muy importante, lo cual fue muy gracioso, porque ¿quién en su sano juicio compraría por impulso unas llantas de tractor, así como así? Bueno, por gracioso que parezca, algunos inversionistas parecen tener este mismo comportamiento.

Por ejemplo, en grandes caídas de los mercados es muy recurrente escuchar a algunas personas decir que esperan comprar todo lo que puedan cuando los precios bajan en el mercado de valores, y siempre les digo que las acciones de las empresas pueden haber bajado sus precios, y no por ello significaría siempre que deberían invertir en cualquier compañía por el simple hecho de tener precios más accesibles. Ahora ya sabes que hay que analizar las variables que hemos visto. Dentro de estas caídas de precios podrías encontrar verdaderas oportunidades que valdría muy bien en invertir y otras que de verdad que con los datos que arrojan habría que alejarse.

Déjame platicarte que, en el mercado de valores, a veces

baja el precio de las acciones, esto puede deberse a muchos motivos, por ejemplo, una posible incertidumbre económica o como recientemente sucedió; un cierre masivo de comercios a nivel mundial por contingencia sanitaria, o simplemente mera especulación de los precios. Sea cual sea la razón del movimiento de los precios en el caso de caídas fuertes, a muchos les causa incertidumbre su dinero invertido y más a los que quisieron especular porque un amigo o familiar les recomendó, o simplemente escucharon que era bueno invertir y lo hicieron sin una metodología, sin un análisis, con cero conocimiento o simplemente como a veces se dice; "por corazonada", estos inversionistas tarde o temprano entrarán en pánico y no sabrán qué hacer cuando se presenten estos movimientos en el mercado.

De hecho, un dato interesante es que más del 90% de inversionistas que no cuentan con un plan inicial, cuando llega una fuerte caída no saben exactamente qué hacer. Así que, cuando esto sucede, cierran sus posiciones ya sea por incertidumbre o por pánico financiero y lo que es peor, con pérdida. Por eso te felicito por leer esta obra y aplicar lo aprendido.

¡Buenas noticias! Cómo puedes comprar muy barato.

Te tengo excelentes noticias, en este momento con lo que hemos visto, ya sabes hacer tu propio análisis de las empresas con las razones financieras tan sencillas que te compartí, sabiendo que existen especulaciones que generan caída de los precios, también sabiendo que las empresas tienen que seguir vendiendo, generando utilidades, y diseñando nuevas estrategias.

— *Jesús, ya quiero encontrar buenas oportunidades de inversión, últimamente el precio de la mayoría de las acciones de muchas compañías ha bajado, ya quiero hacer su análisis fundamental con los parámetros que hemos visto para invertir.*

— Muy bien, Tiburcio, es muy bueno que seas analítico y si alguien te quiere recomendar alguna inversión en alguna empresa en específico, tú toma la decisión, elabora tu análisis dado que tienes las métricas de rentabilidad que te compartí para que las apliques a las empresas que te interesan, además cuentas con el PE y el PE Shiller. Aplicando todo esto, Tiburcio, eres del 10% que cuando los precios del mercado bajen tendrás una gran oportunidad, teniendo un gran mercado de descuentos únicos que se presentan cada 5 o 10 años.

¿Qué tendrás que hacer? Una vez que hayas seleccionado las empresas más rentables y sanas financieramente hablando, aquellas que siempre hablen en sus reportes de planes e innovaciones, te sugiero aplicar el PE Shiller de la siguiente manera, hay una página en internet que te voy a recomendar para este efecto, es www.gurufocus.com, que tiene una sección llamada "Shiller P/E by Sectors", y es una herramienta muy poderosa ya que tiene elaborado los cálculos tanto del PE como del PE Shiller. Lo mejor de todo es que está hecha por sectores empresariales, recuerda que barato no es igual que accesible, como vimos con anterioridad, barato significa que el precio que pagas por tu acción, empresa o ETF está infravalorado, es decir, a muy buen precio con respecto a lo que normalmente se encuentra en el mercado.

Así pues, este dato te va a ayudar a comparar el promedio de PE Shiller de las empresas **de un sector** con respecto al PE Shiller **de la empresa** que seleccionaste para invertir, por cierto esta herramienta también te lo proporciona, te voy a poner un ejemplo,

PE Shiller Sector Tecnológico	PE Shiller Meta Platforms Inc.
30	21

PE Sector Tecnológico	PE Meta Platforms Inc.
24	12

¿Esto qué quiere decir? Observa que el PE Shiller Sector Tecnológico contra el PE de la empresa Meta Platforms Inc. es mucho más bajo en promedio con el sector tecnológico que es donde se encuentra esta empresa, por lo que definitivamente la empresa Meta Platforms Inc. está en oferta, (al momento de escribir este libro). Solo recuerda, por favor, la historia de las llantas de tractor que te conté, no deberías de comprar todas las ofertas, siempre debe ir acompañado de analizar los números, solo así podrás saber si estás ante una oportunidad.

Vamos a ver un último cálculo que deberás aplicar para confirmar si verdaderamente estás ante una auténtica oferta en el mercado, misma que vas a poder utilizar para confirmar que el valor de la acción de una compañía está por debajo de la media, que se tiene un gran descuento o por el contrario, no comprar una compañía porque está sobrevalorada.

RELACIÓN PRECIO-LIBROS

P/VL= Precio de la Acción/Precio del Valor en Libros

Recuerda que en los reportes financieros que elaboran las empresas, se encuentra información que nos ayuda a tomar decisiones, y que las empresas en el mercado tienen un valor que depende totalmente de la oferta y la demanda de las acciones de dichas compañías.

Claro que cuando muchos inversionistas buscan las acciones de una empresa para comprarla, podría ser que ésta tenga buenos números fundamentales, entonces crece la demanda, y con ello hay un aumento de los precios.

Por otra parte, tiene un valor real, y en lugar de decir que es un valor de mercado, decimos que es un Valor en Libros y se le llama *Libros* porque es el valor que se encuentra en los informes de la compañía. El Valor en Libros se obtiene de la siguiente manera:

VL= Capital Contable/Número de Acciones en Circulación

Como hemos visto, el Capital Contable es la diferencia entre los activos de la empresa contra los pasivos, en términos simples es lo que posee contra lo que debe. Es decir, el capital contable es el valor neto de la empresa. Ese dato, lo encuentras en el Estado de Posición Financiera como Capital Contable o Patrimonio; si lo dividimos entre todas las Acciones en Circulación nos da el valor real de la acción, y decimos que es real porque deriva precisamente de los números de la empresa. Se le conoce exactamente como **Valor en Libros**, recuerda, el valor de la acción en el mercado es lo que están dispuestos a pagar los inversionistas por adquirirla, así pues, este dato que acabamos de obtener es lo que vale verdaderamente y se encuentra en el estado financiero de la compañía.

Ahora bien, ¿para qué nos va a servir esto?, nos va a servir porque entre mayor sea la diferencia entre el precio de la acción y el precio del valor en libros, nos daremos cuenta si la acción está muy sobrevalorada, es decir, muy cara. Por otro lado, si la diferencia es pequeña significa que está a buen precio. Por supuesto, no vas a comprar por comprar, recuerda que necesitas analizar las variables que he compartido, solo así verás si tienes una gran oportunidad en tus manos.

Es perfectamente normal que la diferencia que te dé esté a dos veces o más su precio de libros, eso es perfectamente normal, de hecho, en el sector tecnológico te vas a encontrar con P/VL de 7 o 10. Esto se explica porque al ser mucha la demanda que tienen determinadas empresas se empieza a elevar su valor.

Antes, déjame decirte que la fórmula para comparar el precio del valor en libros con el precio de la acción en el mercado, una vez más, no es aislada, acostúmbrate a que siempre la tienes que comparar con otras empresas del mismo sector. Por ejemplo, hay sectores que lo normal es estar en el mercado en un 2 o 3 veces superior a su valor real, mientras que otros se encuentran en 10.

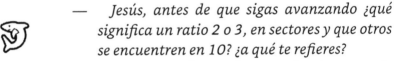

—   *Jesús, antes de que sigas avanzando ¿qué significa un ratio 2 o 3, en sectores y que otros se encuentren en 10? ¿a qué te refieres?*

—   *Por ejemplo, Tesla Inc., la empresa de vehículos eléctricos y tecnologías relacionadas, en el año 2021 alcanzó una valuación en sus libros de 30 USD por acción, mientras que en el mercado alcanzó un valor de 350 USD por acción, esto quiere decir que los inversionistas estaban comprando a un precio de 12 veces más su valor real.*

—   *¡Woow! muy cara, Jesús, ¿cierto?*

—   *Correcto, Tiburcio. Sin embargo, hasta que compares con empresas del mismo sector para saber si está desproporcionado el precio, no sabremos qué tanto. Insisto en que debes ya tener el hábito de comparar. Aunque, definitivamente comprar cualquier cosa a 12 veces más su precio, resulta excesivamente sobrevalorado.*

— *Jesús, ¿Por qué se eleva tanto el precio, con respecto a su valor real?*

— *Puede ser por muchas razones, Tiburcio. Una de las principales se debe a la oferta y demanda, entre más la quieran los inversionistas, más sube su valor en el mercado.*

— *¿Puede pasar lo contrario Jesús? Es decir, que en libros valga más que en el mercado.*

— *Sí, Tiburcio, sí puede pasar, por eso siempre debes hacer completo tu análisis fundamental.*

— *¿A qué te refieres con esto?*

— *Por ejemplo, si una empresa muestra un Precio/valor en Libros menor a 1, significará que en el mercado vale menos que el valor real de la compañía. Toma en cuenta que si es una empresa que tiene problemas financieros, no hay crecimiento o bajan las ganancias, puede ser que no estés ante una buena inversión. Por otro lado, si encuentras una compañía cercana o menor a 1 y tu análisis financiero tiene buenas métricas, entonces Tiburcio, te encuentras ante una gran oportunidad de compra, esto suele suceder mucho y más vale aprovecharlo.*

Un ejemplo más:

Dicen que no todo lo que brilla es oro, aquí también aplica. Las empresas que se encuentran cerca, igual o menos de Precio/ Valor en Libros menor a 1, no necesariamente significa que están infravaloradas, tienes que analizar tus variables y si encuentras que es una buena empresa por sus números fundamentales, la puedes adquirir. Así, también vas a encontrar empresas, que por ejemplo estaban en rangos de Precio/Valor en Libros de 5 o 6, de repente se encuentran en 2 o cercanas a 1, eso puede significar que van a crecer. Recuerda esto, las buenas empresas prácticamente siempre van a valer más en el mercado que lo que realmente valen en los libros.

LAS EMPRESAS TAMBIÉN PUEDEN COMPRAR SUS PROPIAS ACCIONES

"La recompra de acciones es una señal de la confianza de la dirección de la empresa en su propio futuro" Carl Icahn

Cuando las compañías cumplen los requisitos para cotizar como empresas públicas autorizadas por la Comisión de Valores de su país y poder recibir dinero del gran público inversionista, emiten acciones, éstas a su vez son adquiridas por las personas que reciben la calidad de socios inversionistas. Es cuando recaudan el gran capital para poder llevar a cabo sus distintos proyectos, emitiendo una determinada cantidad de acciones. Recuerda, dijimos que cada una de estas acciones tiene un valor en los libros de la empresa, además un valor de mercado a las que se pueden adquirir de acuerdo a la oferta y la demanda de estas acciones.

Bien, las empresas siempre están buscando incrementar el valor de cada una de sus acciones, esto con la finalidad de que a nosotros como potenciales inversionistas se nos haga atractiva la adquisición de éstas y las acciones puedan tener una mayor demanda; entonces, por medio de un proceso llamado Recompra de Acciones en el que la Junta General de Accionistas (que son todos los accionistas de la compañía), decretan comprar sus propias acciones.

Una vez que la compañía las compra, desaparecen del mercado con la finalidad de que existan menos acciones en circulación para que haya mayor distribución de ganancias.

Supongamos que una empresa tiene 1,000,000 de acciones y va a repartir ganancias por 1,000,000 de dólares, significa que cada acción recibirá 1 dólar. Imagina que decretan recomprar

250,000 acciones. Ahora como la empresa sólo tiene 750,000 acciones, entonces, ahora ese millón de dólares solo se repartirá entre las 750,000 acciones en circulación, recibiendo de dividendos 1.33 dólares, es decir una tercera parte más, y de esta forma recompensar a los accionistas entregándoles más dividendos por acción. De hecho, aprovecho para comentarte algo importante, muchas veces las empresas, aunque generan dividendos, no los distribuyen. Es una estrategia que manejan algunas empresas, para que sus acciones sean más atractivas para nosotros como público inversionista.

Antes de la Recompra

$ 1,000,000 / 1,000,000 acciones = $1 por acción

Después de la Recompra

$ 1,000,000 / 750,000 acciones = $1.33 por acción

Programa de Recompra de Acciones por Microsoft Inc página 38

BOLSA MEXICANA DE VALORES, S.A.B. DE C.V., INFORMA:

CLAVE DE COTIZACIÓN	FRAGUA
RAZÓN SOCIAL	CORPORATIVO FRAGUA, S.A.B. DE C.V.

FECHA DE OPERACIÓN 12/07/2023

REMANENTE DE RECURSOS

Al último reporte	1,447,250,000
Al presente	1,424,000,000

OPERACIÓN POR SERIE

SERIE B

CASA DE BOLSA GBM

SALDOS

	Acciones en Tesoreria	Acciones en Circulación	Acciones con Cargo C.C.
Al último reporte	1,217,200	101,382,800	4,551,621
Al presente reporte	1,217,200	101,382,800	4,601,621

OPERACIONES

FOLIO	TIPO DE OPERACION	NÚMERO DE ACCIONES	PRECIO UNITARIO	IMPORTE DE LA OPERACIÓN	ACCIONES CON CARGO A CAPITAL
00129	Compra	50,000	$ 465	$ 23,250,000	Contable

Informe de Recompra de Acciones Corporativo FRAGUA página de la BMV sección Información Jurídica y Corporativa

LA EMPRESA GENERA GANANCIAS Y NO LAS DISTRIBUYE

Sabemos que uno de los principales objetivos de las empresas es generar ganancias, de hecho, es la vida de cualquier negocio, dado que, si no se generan, se estaría en una situación de pérdida. Y definitivamente, nadie pone un negocio o una empresa para perder. Por ello, quiero decirte también que es una realidad que cuando las empresas comienzan, normalmente generan pérdidas, eso es una situación muy común (y no precisamente mala), más bien el proceso normal de un negocio es ir generando ventas y más clientes. Así llega el momento, en que ese proceso en donde generaron pérdidas llega a su fin y empiezan a generar las ganancias, tan deseadas por los inversionistas. De igual manera, podría llegar el caso de que genere muchas ganancias y que distribuya una pequeña parte de éstas o como en otros casos no distribuya absolutamente nada como es el caso de Tesla Inc.

ESTADOS UNIDOS
COMISIÓN NACIONAL DEL MERCADO DE VALORES
Washington, DC 20549
FORMA10K

Tesla, Inc.
(Nombre exacto del registrante según lo especificado en sus estatutos)

Valores registrados de conformidad con la Sección 12(b) de la Ley:

Política de dividendos

Nunca hemos declarado ni pagado dividendos en efectivo sobre nuestras acciones ordinarias. Actualmente no anticipamos pagar dividendos en efectivo en el futuro previsible. Cualquier determinación futura de declarar dividendos en efectivo se hará a discreción de nuestra junta directiva, sujeta a las leyes aplicables, y dependerá de nuestra condición financiera, resultados de operaciones, requisitos de capital, condiciones comerciales generales y otros factores que nuestra junta directiva pueda considerar relevante.

Política de Pago de Dividendos Tesla Inc. Forma 10-k 2021 Pagina 29

Entonces tal vez tengas algunas preguntas ¿Qué sucede si me interesa adquirir las acciones de una empresa que sí genera ganancias, pero no las distribuye, es decir, no me las paga? ¿No acaso el cobrar dividendos es el objetivo principal de hacerme socio? ¿es una buena empresa? ¿Por qué motivos no distribuirían las ganancias a sus accionistas?

Antes de responder esto, quiero compartirte cómo es el proceso de distribución de las ganancias en forma de dividendos.

PROCESO DE PAGO DE DIVIDENDOS.

Cuando hablamos del proceso de pago de dividendos, me refiero a que las empresas al generar ganancias, deberían repartirlas a los socios de manera proporcional al número de acciones que tenga en su poder, es decir, que por el hecho de tener calidad de socio le pagan y es lo que muchos inversionistas están buscando, precisamente, esos beneficios por acción, esa capacidad que tienen las compañías de generar ganancias.

Ahora bien, cuando en una empresa se van a distribuir los dividendos, hay una fecha de declaración en la cual la Junta Directiva, anuncia la fecha a los accionistas del pago del dividendo.

Después, como hay operaciones de compra y venta de muchas acciones todos los días, anuncian una fecha de corte llamada fecha ex-dividendo, en donde quien compre la acción incluso hasta un día antes de esta fecha de corte tiene derecho a cobrar el dividendo. Por otro lado, quien compre la acción el día del ex dividendo o posterior, ya no podrá hacerlo en ese periodo.

Posteriormente hay una Fecha de Registro en donde las compañías llevan un control de los accionistas para poder distribuirles los pagos de los dividendos. Al final está la Fecha de Pago en la que se pagará el dividendo al accionista.

Y finalmente, hay empresas que sí están generando utilidades, por ello, en las reuniones que tienen los accionistas anualmente, uno de los temas a tratar, es determinar si las ganancias se reparten o la compañía las va a retener.

Aviso de derechos

FECHA: 17/03/2023

BOLSA MEXICANA DE VALORES, S.A.B. DE C.V., INFORMA:

CLAVE DE COTIZACIÓN	FRAGUA
RAZÓN SOCIAL	CORPORATIVO FRAGUA, S.A.B. DE C.V.
TIPO DE ASAMBLEA	ORDINARIA ANUAL
FECHA DE CELEBRACIÓN	16/03/2023
FECHA DE PUBLICACIÓN DOF	No Aplica

DERECHOS

TIPO DE DERECHO		FECHA DE PAGO
DIVIDENDO EN EFECTIVO		29/03/2023

PROPORCIÓN

SERIE(S) 'B' CUPON VIGENTE 0 CUPON PAGO 0 A MXN $ 11.30

Anuncio de pago de Dividendo de Farmacias Guadalajara

— *Jesús, ¿y por qué los socios en sus juntas decidirían que su compañía no reparta ganancias, sino que más bien las retenga?*

— *Buena pregunta, Tiburcio, uno de los principales objetivos de las compañías es el crecimiento y el incremento de sus ganancias, entonces lo que hacen muchas de estas compañías es utilizar las ganancias que no repartieron a los accionistas para poder utilizar estos recursos en la misma compañía y normalmente les llaman utilidades retenidas.*

DIVIDEND Y VALUE INVESTING
LA CLAVE PARA AUMENTAR EL
VALOR DE TUS INVERSIONES

Si uno de los objetivos de las compañías es generar ganancias, es cierto que habrá muchos accionistas que tengan su estrategia basada en cobrar dividendos, sería una retribución para ellos por el hecho de haber invertido, a esta forma de estrategia o mentalidad de algunos inversionistas se le conoce como **Dividend Investing** y se basa en buscar aquellas empresas que generen alto rendimiento en sus ganancias para generar grandes repartos de dividendos y un buen ejemplo, son las FIBRA´s.

Por otro lado, quiero comentarte que hay inversionistas como Warren Buffet que antes de buscar que las empresas que están generando grandes ganancias les repartan dividendos, buscan que estas ganancias las retengan las compañías con la finalidad de que sea reinvertido en proyectos de expansión, innovación, desarrollos , patentes, es decir, por medio de esa estrategia de retención de ganancias buscan en realidad seguir creciendo y que de esta manera suba el valor de su acción, así el accionista también se ve recompensado por un incremento en el valor de su inversión, de hecho, a esta forma de inversión se le conoce como **Value Investing**, que desarrolló Benjamin Graham —amigo y profesor de Warren Buffet— la cual se enfoca mucho en que las empresas en las que se invierta adquieran aún más valor por medio de la expansión y crecimiento.

Por lo tanto, definitivamente si deseas que la compañía crezca en valor, te recomiendo que busques empresas donde su política sea que las ganancias que se generen sean reinvertidas, ese dato te lo van a revelar en los informes financieros de la compañía.

—   *Jesús, me queda una duda... ¿qué pasa con aquellas compañías que están generando utilidades, y que sí reparten las ganancias a sus socios?*

—   *Excelente observación, Tiburcio. Cuando las empresas distribuyen a sus socios las ganancias obtenidas, tienes que preguntarte por qué esas compañías no están utilizando ese dinero para crecer. Debes ser muy analítico porque muchas de ellas solo tienen objetivos de permanencia, no de crecimiento y te puedes dar cuenta en sus informes financieros o simplemente ya crecieron mucho y ahora están recompensando a sus accionistas pagándoles dividendos, esto normalmente pasa con empresas que ya tuvieron todo un proceso de expansión y que ahora solamente están buscando consolidarse en el mercado.*

CONSTANCIA: LA CLAVE PARA CONSTRUIR FORTUNAS.

¨La paciencia y la constancia son las virtudes que te llevarán a construir un futuro financiero sólido y próspero" John Bogle

Quiero felicitarte por seguir avanzando y aprender, tal vez hayas escuchado una frase atribuida a Francis Bacon "el conocimiento es poder", bien, te tengo noticias, esa frase no es una realidad. El verdadero poder está en **aplicar y llevar a la práctica lo aprendido.**

John Bogle fundador de Vanguard uno de los administradores de ETF´s más grande del mundo decía que una de las claves para ser un inversionista exitoso es comprar de forma continua, que no debían de importar las fluctuaciones del mercado, es decir, hacer tus inversiones de manera sistemática, seleccionada, y de manera regular. Así, puedes decidir hacerlas de manera mensual, bimestral o semestral. La clave es ser constantes, independientemente de las fluctuaciones de precio que en el mercado se generen.

Sí, ya sé que todos queremos hacer nuestras inversiones cuando los precios estén muy abajo, y vender cuando se encuentran con mucho valor. La realidad es que esto está asociado al trading, sin embargo, nadie conoce con exactitud en qué punto es esto, y sí, habrá muchos analistas "expertos" que te asegurarán dónde son estos puntos, aunque la realidad es que cada analista tendrá su propia opinión.

Mi recomendación es que, con los conocimientos adquiridos hasta ahora, apliques el Dollar Cost Averaging (es decir, hacer compras periódicas sistemáticas como dice John Bogle), independientemente de las fluctuaciones del mercado.

— *Jesús, ¿me puedes dar un ejemplo de la aplicación del Dollar Cost Averaging? por favor.*

— *Claro, Tiburcio, cuando haces el análisis fundamental de las empresas, tal vez detectes varias que sean de tu interés, es fácil ver que sus ventas y sus márgenes de ganancia van en crecimiento, son sanas financieramente hablando. Decides hacer un portafolio, el cual adquieres a un precio de mercado razonable con respecto a su valor real, para ello como inversionista lo haces de manera mensual, durante algún tiempo sube, y posteriormente el mercado empieza a colapsar ¿qué vas a hacer allí, Tiburcio?*

— *Pues... de acuerdo con lo que hemos visto Jesús, seguir comprando, aunque la verdad si me da un poco de incertidumbre hacer compras mientras los mercados caen.*

— *Cierto, Tiburcio, aplicas el Dollar Cost Averaging y sigues comprando. Tienes razón respecto a la incertidumbre, pero date cuenta de que a diferencia del 90% de los inversionistas, hiciste tus análisis, pudiste comprar empresas que, si bien en unas temporadas baja su consumo, en otras, las ventas se restablecen. Las empresas seguirán creciendo y tú seguirás comprando con toda la tranquilidad, sabiendo que esas fluctuaciones de precio son normales y que te has enfocado en hacer un buen portafolio.*

Por otra parte, hablamos también de Harry Markowitz, el economista ganador de un premio Nobel, donde demuestra matemáticamente que, para ser un inversionista exitoso, hay que hacer una selección no de uno, sino de varios activos para hacer un equilibrio entre empresas exitosas y empresas promedio, y con ello lograr que el valor de las carteras se maximice.

En mi entrenamiento **Blinda tu Dinero**® he conocido a varias personas que hasta antes de llegar conmigo, no habían experimentado buenos rendimientos en sus inversiones, habían experimentado minusvalías considerables y a veces hasta pérdidas. Muchas de ellos coinciden en que destinan parte de su patrimonio o todo su patrimonio a una empresa en específico o sólo un sector, y que sólo invertían por ejemplo en Sector Energético, o sólo en un país o, sólo en FIBRAS y después de mi entrenamiento ya dimensionan el alto grado de riesgo que conlleva hacer esto. Cuando aprenden se dan cuenta que pueden aplicar lo que dice Markowitz y no invertir sólo en una empresa o sector sino en un conjunto de empresas para compensar el crecimiento, con el decremento de otras, además de maximizar las ganancias por medio del análisis fundamental que también recomienda Markowitz y que ahora ya sabes hacer. Por otro lado, pueden comprobar por ellos mismos que aplicar el Dollar Cost Averaging les maximiza rendimientos y les permite encontrar oportunidades únicas en el mercado.

Si solo se quedara grabado una cosa en tu mente de esta obra quiero que sea que convertirte en un inversionista es un proceso que trae resultados inmediatos y conforme avanza el tiempo, estos se multiplican exponencialmente, si quieres tener más tiempo para ti, viajar, ir con tu pareja, aquí está la solución y lo mejor de todo es que está a tu alcance, recuerda lo que dice Warren Buffett "la acción en tu vida es fundamental para todo éxito financiero".

— *Definitivamente, Jesús, mi enfoque estará en aquellas empresas que crezcan en valor para que mis inversiones se multipliquen exponencialmente y sobre todo como dices,*

llevar a la práctica y ser constante en lo que aprendí, y que la combinación perfecta está en aplicar lo que dice Markowitz y el Dollar Cost Averaging.

— *¡Genial Tiburcio! De verdad te felicito, ¡ya eres todo un* **Tiburón Inversionista®***!*

Made in the USA
Columbia, SC
08 February 2025

52735727R00109